本书出版得到广西高校人文社会科学重点研究基地基金、广西科技大学博士基金项目和国家自然科学基金项目（71462004）的资助

经济管理学术文库·管理类

高管薪酬差距、代理成本与公司绩效

Executive Compensation Gap, Agency Cost and Company Performance

蒋大富／著

图书在版编目（CIP）数据

高管薪酬差距、代理成本与公司绩效/蒋大富著 .—北京：经济管理出版社，2019.3
ISBN 978 - 7 - 5096 - 6460 - 5

Ⅰ.①高… Ⅱ.①蒋… Ⅲ.①公司—管理人员—工资管理—研究 Ⅳ.①F272.923

中国版本图书馆 CIP 数据核字（2019）第 048380 号

组稿编辑：曹　靖
责任编辑：杨国强
责任印制：黄章平
责任校对：赵天宇

出版发行：经济管理出版社
　　　　　（北京市海淀区北蜂窝 8 号中雅大厦 A 座 11 层　100038）
网　　址：www.E - mp.com.cn
电　　话：（010）51915602
印　　刷：北京玺诚印务有限公司
经　　销：新华书店
开　　本：720mm × 1000mm/16
印　　张：12.75
字　　数：168 千字
版　　次：2019 年 3 月第 1 版　2019 年 3 月第 1 次印刷
书　　号：ISBN 978 - 7 - 5096 - 6460 - 5
定　　价：68.00 元

·版权所有　翻印必究·
凡购本社图书，如有印装错误，由本社读者服务部负责调换。
联系地址：北京阜外月坛北小街 2 号
电话：（010）68022974　　邮编：100836

目 录

第一章　绪　论 ··· 1

　第一节　研究背景与意义 ··· 1

　第二节　研究思路与结构安排 ··· 4

　　一、研究思路 ·· 4

　　二、结构安排与逻辑框架 ··· 5

　第三节　研究结论与可能的创新 ·· 7

　　一、研究结论 ·· 7

　　二、可能的创新 ·· 9

第二章　理论基础与文献综述 ·· 11

　第一节　理论基础 ··· 11

　　一、高管薪酬理论基础 ··· 11

　　二、薪酬差距理论基础 ··· 17

　第二节　文献综述 ··· 23

　　一、高管薪酬差距与代理成本研究述评 ······························· 23

二、高管薪酬差距与公司绩效研究述评 ················· 30

本章小结 ··············· 38

第三章 高管薪酬及其差距的衡量与现状分析 ··············· 40

第一节 高管薪酬差距的界定 ··············· 40
一、高管与高管薪酬的界定 ··············· 40
二、高管薪酬差距的界定 ··············· 45

第二节 高管薪酬现状分析 ··············· 48
一、高管薪酬制度变迁 ··············· 48
二、高管薪酬现状分析 ··············· 55

第三节 高管薪酬差距的衡量与现状分析 ··············· 61
一、高管薪酬外在差距 ··············· 61
二、高管薪酬内在差距 ··············· 63
三、高管薪酬个人差距 ··············· 66

本章小结 ··············· 72

第四章 高管薪酬差距的影响因素分析 ··············· 74

第一节 理论分析与研究假设 ··············· 74
一、公司内部因素 ··············· 74
二、公司外部因素 ··············· 86

第二节 研究设计与样本选择 ··············· 90
一、样本选择与数据来源 ··············· 90
二、模型设计与变量设定 ··············· 91

第三节 实证分析与结果讨论 ··············· 93

一、描述性统计 ·· 93

　　　二、相关性检验 ·· 97

　　　三、多元回归分析与假设检验 ·· 104

　　　四、稳健性检验 ·· 111

　本章小结 ·· 114

第五章　高管薪酬差距对代理成本的影响分析 ································ 116

　第一节　理论分析与研究假设 ··· 116

　第二节　样本选择与研究设计 ··· 119

　　　一、样本选择与数据来源 ··· 119

　　　二、模型设计 ·· 120

　　　三、变量设定 ·· 121

　第三节　实证分析与结果讨论 ··· 124

　　　一、描述性统计 ·· 124

　　　二、相关性检验 ·· 126

　　　三、多元回归分析与假设检验 ·· 127

　本章小结 ·· 146

第六章　高管薪酬差距对公司绩效的影响分析 ································ 148

　第一节　理论分析与研究假设 ··· 148

　第二节　样本选择与研究设计 ··· 152

　　　一、样本选择与数据来源 ··· 152

　　　二、模型设计 ·· 153

　　　三、变量设定 ·· 153

第三节　实证分析与结果讨论……………………………………… 155
　　一、描述性统计……………………………………………… 155
　　二、相关性检验……………………………………………… 158
　　三、多元回归分析与假设检验……………………………… 159
本章小结………………………………………………………… 174

第七章　研究结论与局限性……………………………………… 176

　　第一节　研究结论……………………………………………… 176
　　第二节　研究局限性和展望…………………………………… 178

参考文献………………………………………………………………… 180

后　记………………………………………………………………… 197

第一章 绪 论

第一节 研究背景与意义

2005年,中国证监会强制性地要求上市公司披露每一位现任董事、监事和高级管理人员报酬,高管薪酬的公开使高管高薪、薪酬差距成为社会各界广泛争议的焦点。据统计,1980~2003年,美国公众公司CEO的薪酬增长了6倍,我国上市公司管理者薪酬的平均值从2001年的31.51万元增长到2006年的74.09万元,总计增长了135%(江伟,2011);美国AIG在亏损高达1000亿美元的同时,居然用政府救助的资金向公司高管支付了1.65亿美元的奖金;2007年中国平安董事长兼CEO的薪酬总额高达6600万元的"天价年薪",成为中国A股上市公司的年薪第一人,但在2008年,又宣布"零年薪"为中国平安工作;伊利股份2007年的股权激励措施则在使得公司管理层获得巨额股权激励的同时,直接导致了公司亏损2100万元。根据Wind数据统计,2004~2008年五年间,不含股权激励和股票激励，上市公司高管的平均薪酬水平翻了一番左右，前三位高管（董事）的薪酬总额从 2004 年的平均 60 万元（55 万元）提高到 2008 年的 116 万元（102 万元），排名前 10% 的公司，前三位高管（董事）的薪酬总额，更是从 2004 年的 191 万元（189 万元）提高到 2008 年的 437 万元（397 万元）（吴育辉、吴世农，2011）。所有这些事件和现象都引起了实务界和学术界对公司高管薪酬的反思，高管薪酬上升能否真正实现股东财富最大化的财务管理目标，高管薪酬和高管薪酬差距是否真正激励公司高管勤勉工作，真正与其对企业和社会所做的贡献相匹配？

从理论角度讲，高管薪酬的目的是激励高管为了公司价值最大化而努力工作，从而提高公司业绩。但现实中，薪酬差距又被认为是社会分配不公平的表现，因此 2008 年和 2009 年财政部相继颁布和修订了针对国有金融企业高管的限薪规定，财政部 2009 年 2 月 8 日向各家金融类国企派发的《金融类国有及国有控股企业负责人薪酬管理办法（征求意见稿）》提出，负责人基本年薪取决于两个因素：第一，公司的职位等级（由企业资产、业务范围、业务领域广度等决定）；第二，所在企业、所在行业、所在地区的在职职工工资水平加权平均后乘以 5。美国总统奥巴马 2009 年 2 月 4 日宣布了对华尔街的限薪令，公布了一系列限制措施，凡是获得政府救助的金融企业高管最高年薪不得超过 50 万美元，旨在平息普通民众日益上升的不满情绪，推动相关企业高管励精图治，早日走出困境。2010 年 3 月，温家宝总理在政府工作报告中明确指出扭转收入差距的扩大趋势是政府当前的重要工作。以上政府的限薪行为，一方面，说明政府努力抑制薪酬差距扩大，另一方面，政府的限薪行为，是否能够真正在降低薪酬差距的基础上，同时实现企业的持续发展？

关于高管薪酬和薪酬差距及其与代理成本和公司绩效关系，在国外的研究中，研究视角、研究国别、研究对象、研究领域等各方面都有学者涉猎，研究内容较为丰富，研究方法较为科学。中国国内对薪酬和薪酬差距的研究，主要是借鉴和沿用国外已有的研究理论、研究方法和研究视角。从研究理论看，主要是将锦标赛理论、行为理论和社会比较理论等作为理论基础。从研究方法而言，主要是资料分析法，而通过实验方法、案例方法和调查问卷等方式来研究薪酬和薪酬差距的较少。从研究视角看，主要考虑的是货币薪酬，从股权激励角度研究薪酬和薪酬差距的较少。

对于高管薪酬差距与代理成本的研究，目前国内研究主要集中在高管薪酬与代理成本的研究范围内，而真正的高管薪酬差距与代理成本之间的关系研究较少，比如陈建林（2010）与李宝宝和黄寿昌（2012），高管薪酬差距也集中在核心高管与非核心高管薪酬差距方面。

对于高管薪酬差距与企业绩效关系的研究，大多数研究结论支持锦标赛理论，林浚清、黄祖辉和孙永祥（2003），陈震、张鸣（2006），张正堂（2007），鲁海帆（2007），卢锐（2007）以及刘春和孙亮（2010）都认为高管薪酬差距与公司绩效正相关。这些文献中对高管薪酬差距的计量，既采用相对数指标，也采用绝对数指标。对于公司绩效的衡量指标较为全面，既有选择财务业绩指标，也有选择市场业绩指标；既有选择长期业绩指标，也有选择短期业绩指标；既有选择相对业绩指标，也有选择绝对业绩指标。同时，这些文献还对薪酬差距与企业绩效关系影响因素也进行了较为详细的分析，包括公司的股权性质、公司规模、技术复杂程度、公司多元化程度以及公司所处的区域位置等。

但从社会比较理论角度看，目前有关高管薪酬和薪酬差距的研究还存在着一些不足，比如目前大多数研究是针对高管团队内部差距的研究，而且大部分是总经理或核心高管与一般高管之间的薪酬差距，即高管薪酬的下行比较研究。而对于高管与员工之间的薪酬差距,以及高管薪酬的平行比较和构建性比较研究却很少,甚至几乎没有。上述这些研究上的不足,为我们提供了研究的空间。

因此,本书在实践上,有助于理解高管薪酬的高企和薪酬差距的扩大是否能真正激励公司高管勤勉工作,提高公司绩效,实现企业的持续发展。在理论上有助于丰富和扩展高管薪酬及薪酬差距的研究范围和内容。

第二节 研究思路与结构安排

一、研究思路

本书以中国上市公司为研究背景,通过对劳动价值理论、人力资本理论、管理激励理论和委托代理理论等理论的归纳和概括,对目前国内外相关研究进行梳理分析总结,在此基础上提出相关研究假设,运用科学的数理统计方法对研究假设加以检验。本书以上市公司核心高管为研究对象,探究了现阶段中国上市公司高管薪酬的现状和变化趋势,运用社会比较理论,从平行比较、下行比较和构建性比较的角度,通过设计相关指标对各种高管薪酬差距表现形式进行计量,并对各种高管薪酬差距的现状及变化趋势进行研究。在此基础上,从公司内外环境的角度,全面实证分析影响公司高管薪酬差距的因素。从公司代理成本和公司绩效两个角度,本书研究了扩大高管薪酬差距的经济后果,并揭示了不同形式的高管薪酬差距对公司代理成本和公司绩效等经济后果的影响机制差异,旨在为中国上市公司进行高管薪酬激励设计提供必要的理论支持,以及政府进行薪酬政策制定和调整提供参考依据。

二、结构安排与逻辑框架

基于上述研究思路,本书的整体结构安排分为七章,各章具体内容如下:

第一章,绪论。这一章介绍本书的研究背景与意义、研究思路与结构安排、研究结论和可能的创新。

第二章,理论基础与文献综述。这一章介绍劳动价值理论、人力资本理论、成就需要理论和委托代理理论等相关薪酬理论,以及马克思按劳分配理论、锦标赛理论、行为理论和社会比较理论等相关薪酬差距理论,并在此基础上,从薪酬差距与委托代理和公司绩效的关系角度,对国内外相关研究成果进行了回顾和评述,以便清晰地了解当前国内外高管薪酬差距的研究现状和进一步研究的空间,从而提出本书的研究切入点。

第三章,高管薪酬及其差距的衡量与现状分析。这一章对高管和高管薪酬的概念进行界定,根据相关的薪酬差距理论,提出高管薪酬差距具体表现形式,即高管薪酬外在差距、内在差距和个人差距,在此基础上,对中国高管薪酬制度变迁进行梳理,并分析目前中国上市公司高管薪酬现状和变化趋势。在本章中,设计了高管薪酬外在差距、内在差距和个人差距的衡量指标,并运用这些高管薪酬差距指标,对中国上市公司的高管薪酬差距现状进行分析描述,为后文的研究奠定基础。

第四章,高管薪酬差距的影响因素分析。这一章全面分析影响高管薪酬和高管薪酬差距的公司内外部因素,并提出研究假设,运用中国上市公司资料,验证公司内外部因素对高管薪酬差距的影响作用。

第五章,高管薪酬差距对代理成本的影响分析。这一章主要讨论不同形式的高管薪酬差距对公司代理成本的影响,并揭示不同形式的高管薪酬差距对公司代理成本的影响效应存在的差异特征。

第六章,高管薪酬差距对公司绩效的影响分析。这一章主要讨论不同形式的高管薪酬差距对公司绩效的影响,并揭示不同形式的高管薪酬差距对公司绩效的影响效应存在的差异特征。

第七章,研究结论与局限性。这一章主要总结本书的研究结论和研究的局限性。

本书研究逻辑框架如图 1-1 所示。

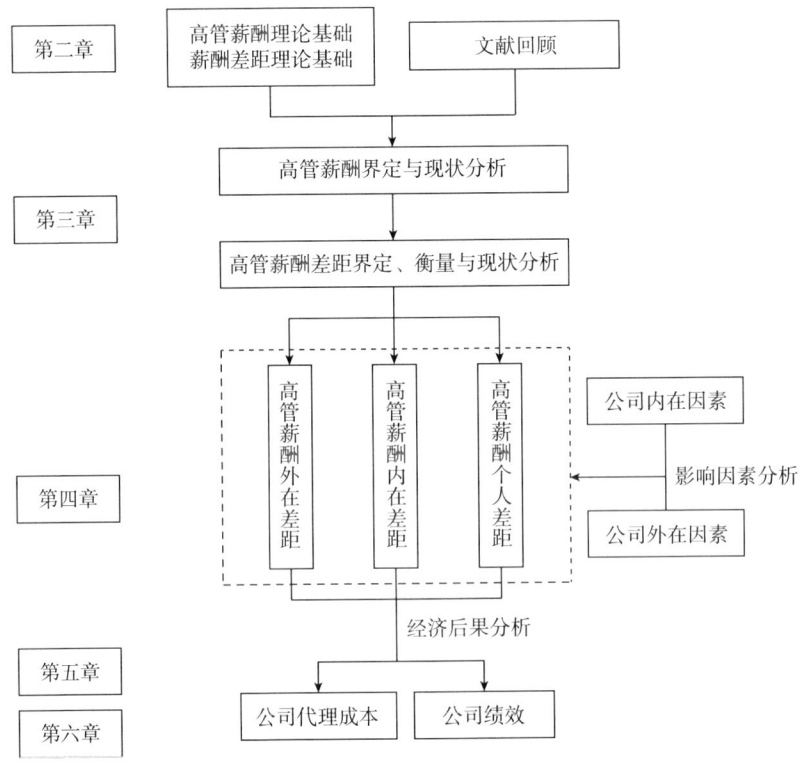

图 1-1 研究逻辑框架

第一章　绪　论

第三节　研究结论与可能的创新

一、研究结论

本书在相关薪酬理论、按劳分配理论、锦标赛理论、行为理论和社会比较理论等理论的基础上,通过构建相关指标来反映高管薪酬差距大小,并对高管薪酬差距的影响因素及高管薪酬差距的经济后果进行实证分析,得出以下几方面结论。

第一,本书认为中国上市公司高管薪酬目前还是以货币薪酬为主要的激励模式,从2005年以来,高管薪酬持续增长,但各年的增长幅度波动较大,并且各行业的高管薪酬差异较大。

第二,本书认为高管薪酬差距有外在差距、内在差距和个人差距三种具体表现形式,并且设计了高管薪酬差距衡量指标。运用这些衡量指标,研究发现,中国上市公司高管薪酬外在差距各行业各年度的变化程度有较大差异;而高管薪酬内在差距呈现波澜状上升趋势,除了少数几个行业,各行业的高管薪酬外在差距的变化程度差异并不大;高管薪酬个人差距呈现逐年上升趋势,各行业之间存在较大差异,公司高管获得的薪酬中存在大量的非绩效性薪酬。

第三,本书认为公司内外因素会影响高管薪酬差距,研究发现,从公司内在因素看,实证分析结果发现,拥有管理权力的公司高管将扩大高管薪酬差距;加强实际控制人或大股东对公司的监控,有利于降低高管薪酬差距;股东之间制衡的降低将扩大高管薪酬外在差距和个人差距;实际控制人的国有性质降低了高管薪酬差距;受公司高管影响的董事会治理效率将导致高管高薪差距的扩大;监事会的治理效率的提升有助于降低高管薪酬差距;公司绩效为高管扩大薪酬差距提供了充分理由,而公司的成长性特征对高管薪酬差距没有显著作用;随着公司规模的增加将导致高管薪酬外在差距的扩大和薪酬内在差距与个人差距的降低。

从公司外在因素看,地区市场化程度的提高总体上扩大高管薪酬差距;行业竞争性在降低高管薪酬外在差距的同时,扩大了高管薪酬内在差距和个人差距;债权人治理将抑制高管薪酬个人差距的扩大;会计准则变更能够显著降低高管薪酬外在差距和提高高管薪酬个人差距;而2009年出台的限薪令能够显著降低公司高管薪酬外在差距,但又显著扩大高管薪酬个人差距,使得公司高管获得更多的非绩效薪酬。

第四,本书认为高管薪酬差距对公司代理成本都会产生影响,高管薪酬外在差距与高管薪酬内在差距对代理成本的影响是一致的,高管薪酬外在差距和内在差距都与代理成本负相关,而高管薪酬个人差距与代理成本正相关。并且,从高管薪酬差距来看,影响公司代理成本的主要且一致的因素是高管薪酬个人差距,缩小高管薪酬个人差距导致公司代理成本降低的影响机制是稳定的,而通过提高扩大高管薪酬外在差距和内在差距达到降低代理成本的影响机制具有权变性质。

第五,本书认为高管薪酬差距对公司绩效成本都会产生影响,提高高管薪酬外在差距与高管薪酬内在差距,对提高公司绩效都有显著效应,而降低高管薪酬个人差距,对提高公司绩效有显著作用。高管薪酬差距的三种表现形式对公司绩效的影响机制存在一定的差异,在这些影响机制中,高管薪酬个人差距的影响机制占主导作用,其次是高管薪酬外在差距的影响机制，最后是高管薪酬内在差距的影响机制。

二、可能的创新

本书在吸取前人对高管薪酬和薪酬差距的相关研究成果的基础上，较为系统地研究了高管薪酬差距的影响因素和扩大高管薪酬差距的经济后果，在高管薪酬差距研究相对较为丰富的情况下，本书可能的创新主要体现在以下几个方面：

第一，在研究内容方面，以往有关薪酬差距的研究，主要以高管团队内部的薪酬差距为研究对象，而本书在此基础上，提出了高管薪酬外在差距、内在差距和个人差距的概念，从而丰富和扩展了薪酬差距的研究内容和范围。

第二，在薪酬差距计量上，本书借鉴权力薪酬、操控性薪酬的计量方法，提出了绩效薪酬的计量方法，并以此为基础，设计和计量了高管薪酬个人差距的大小，从而丰富和扩展了薪酬差距的计量方法。

第三，以往对薪酬差距影响公司代理成本和公司绩效的研究，往往从高管薪酬下行比较来进行研究分析，本书在此基础上，通过多种高管薪酬差距形式来探讨和研究高管薪酬差距对公司代理成本和公司绩效的影响，从而多角度、全方位地分析了提高高管薪酬差距的经济后果。

第四，本书取得了一些有意义或突破性的研究结论，通过本书的实证分析发现，虽然不同形式的高管薪酬差距对公司代理成本都有影响，但在高管薪酬外在差距、内在差距和个人差距中，个人差距对公司代理成本的影响是稳定的，不随公司内外环境的变化而变化，而高管薪酬外在差距和内在差距对公司代理成本的影响具有权变性质，会随着公司内外环境的变化而变化。

第五，本书通过实证分析发现，不同形式的高管薪酬差距对公司绩效影响存在一定差异，对于高管薪酬外在差距和内在差距而言，更符合锦标赛理论，而对于高管薪酬个人差距来说，更加符合行为理论。并且还发现，高管薪酬差距的三种表现形式对公司绩效的影响机制存在一定的差异，在这些影响机制中，高管薪酬个人差距的影响机制占主导作用，其次是高管薪酬外在差距的影响机制，最后是高管薪酬内在差距的影响机制。

第二章 理论基础与文献综述

第一节 理论基础

一、高管薪酬理论基础

在有关薪酬与绩效、经理行为等的长期研究中，国内外学者创设和应用多种理论对薪酬契约进行解释，这些理论主要包括劳动价值理论、人力资本理论、管理激励理论和委托代理理论等。

（一）劳动价值理论

劳动价值理论的基本观点和内容是劳动创造价值，这一基本观点最先由英国经济学家威廉·配第提出，而后亚当·斯密和大卫·李嘉图两位经济学家对劳动价值理论做出了巨大贡献，逐步形成了古典经济学劳动价值理论。马克思的劳动价值理论，是马克思在批判和继承威廉·配第、亚当·斯密和大卫·李嘉图的劳动价值理论的基础上创立的，是一个完整的、科学的理论体系。马克思劳动价值论是商品交换的理论，商品具有使用价值和价值二重性，是由劳动的二重性，即具体劳动和抽象劳动决定的，具体劳动决定了商品使用价值的大小，而抽象劳动决定了商品价值量的高低。马克思的劳动价值论认为，商品的价值量由生产商品的社会必要劳动时间决定。坚持劳动价值论，就是强调劳动是人类社会存在和发展的决定性因素，任何人对社会的真正贡献是劳动，劳动是生产的真正灵魂。

劳动力的价值是商品价值的特殊形式，具有一般商品价值的共同特征，同时也具有作为特殊商品的价值特征。劳动力的价值也是由生产劳动力的社会必要劳动时间决定的，因此，企业员工在生产经营过程中，为企业提供劳动，并生产具有使用价值的商品，商品中凝结了人类的一般劳动。按照马克思的劳动价值论，劳动创造价值指在商品生产过程中，商品使用价值的实现，消耗了劳动者的具体劳动，即劳动者的体力和脑力消耗和支出，商品价值的形成过程，是劳动力价值不断凝集在商品中的过程，为了商品生产、交换和消费等过程顺利进行，就必须以价值形式对劳动力价值的提供者给予补偿，以保证社会再生产得以持续。这种补偿就是企业员工得到的劳动报酬，即薪酬。

科技技术、管理知识和经营经验等是人类智力因素的重要代表，是构成劳动力素质的重要因素，因此劳动者参与商品价值的创造过程，同时也是智力要素参与创造价值的过程，即脑力劳动创造价值的过程。按照劳动价值论，复杂劳动是多倍的或自乘的简单劳动，而劳动的复杂性又是与劳动中所含的科技含量成正比的。因此，劳动价值论要求我们重视科学技术、管理知识和经营经验在价值创造中的作用，不断提高劳动的创造性和增强劳动的智能化程度，从而不断提高经济增长中的科技贡献率，提高劳动生产率。在现代化企业里，公司高管拥有的科学技术、管理知识和经营

第二章 理论基础与文献综述

经验往往要高于一般的公司员工。因此,充分发挥公司高管的智力因素在公司经济管理活动的作用,将会极大地提高公司的生产效率、降低生产耗费,最终提高公司绩效和价值,同时也应给予公司高管高额的回报或薪酬。

(二)人力资本理论

人力资本理论是人们对德国和日本在"二战"战败后经济发展迅速恢复和崛起的背景下提出的理论观点,大家公认经济学家舒尔茨是人力资本理论的创立者,他明确提出在现代国民经济增长中,人力资本将具有越来越重要的作用,并且认为人力资本是促使现代社会经济增长的主要原因。但人力资本与人力资源并不是同一个概念,它们是既有联系又有区别的。人力资源泛指能够为企业提供劳动的所有人,强调人的自然属性,而人力资本主要指企业中能够极大提高生产效率,为企业带来超额价值的技术创新者和企业管理者,强调人的社会属性。

人力资本理论认为,强调人力资源是企业生产要素里最为重要的资源,企业经济效益的提高、公司价值的提升,需要激发人力资源的潜力,特别是拥有先进生产工艺和技术的创造者和持有者以及拥有丰富管理知识和经验的管理者。在企业的价值增长和经济效益提高的情况下,人力资本的作用将随着公司规模的扩大而使管理难度增加,将越来越重要,将逐步超过物质资本在企业价值和经济效益的提高中的作用。人力资本理论认为拥有技术或管理经验的公司高管是公司最为重要的人力资本,在实现公司战略或经营目标过程中具有不可或缺的特征,因此,企业要获得优质的人力资本,从全社会而言,需要提高全体社会成员的人口素质,加大教育投入,提高全体社会成员的知识文化水平;从企业角度而言,企业往往通过提供高额的薪酬来吸引高素质的管理者或技术人员,从而获得本企业的人

· 13 ·

力资本优势。

另外,企业要获得优质的人力资本优势,对于公司高管来说,企业要提供与其对企业所做的贡献相匹配的薪酬,提高公司高管的薪酬满意度,达到自我价值的实现。根据产权理论,拥有人力资本产权的公司高管本人就理所当然地获得人力资本相关的权益,能够获得像其他物质资本一样的剩余价值分享,参与公司获得的超额价值的分配。

因此,基于人力资本理论的分析,公司高管薪酬应来源于公司高管自身获得的劳动报酬,同时还应包括作为人力资本的产权拥有者而获得的超额价值的分配部分。

(三) 管理激励理论

管理学中的"激励"是从心理学的角度来诠释的,强调的是内在于个体的动机。激励是指持续激发人的动机的心理过程,可以引起个体产生明确的目标指向行为的内在动力。目前,主要的管理激励理论有马斯洛的需求理论、赫茨伯格的双因素理论和弗鲁姆的期望论。

马斯洛的需求理论认为:人类有五个层级的需求,根据其需求层次的高低,五个层级的需求分别是生理需求、安全需求、归属需求、尊重需求和自我实现需求。这五个层级需求可以分为两大类,生理需求、安全需求和归属需求三个需求为基本需求,而尊重需求和自我实现需求为成长需求。根据该理论,人类的需求,只有在低层次的需求得到满足之后,高层次的需求才会产生。因此,人类的各层需求之间既有前后顺序的不同,又有高低的差异。

赫茨伯格的双因素理论,即"激励因素/保健因素"理论,强调的是满意度与哪些内容有关,双因素理论认为,凡是与员工工作本身或工作内容有关的、能促使员工产生满意度、对员工能产生直接的激励作用的因素为激励因素,凡是与工作环境或条件有关的、能防止员工产生不满意的因素为保健因素。保健因素如果改进则能预防和消除员工的不满,但不能直接起到激励员工的作用,不能充分提高员工满意度,因此保健因素不能充分激发其积极性,要达到充分激励员工的积极性和主动性,还必须找到员工的"激励因素"。赫茨伯格的双因素理论表明,满足不同需要所带来的激励深度与效果是存在差异的。满足人类保健因素的需要是不可或缺的,没有它会导致不满,因此,保健因素只是激励的必要条件,而非充分条件,即使保健因素获得满足,也不能产生满足感。只有满足人类激励因素的需要才能调动人的积极性。赫茨伯格的双因素理论在一定程度上与马斯洛需求理论一脉相承。

弗鲁姆的期望论认为,某一活动激励的效果取决于该活动的效价与其期望值的乘积,效价是指某一活动达成目标后能够满足个人某一需要的价值的大小,期望值是指按照以往经验,被激励对象进行判断实现活动目标结果的概率大小。因此,在这个期望模型中,需要兼效价和期望值两方面的关系,才可以激励和调动人的积极性。弗鲁姆的期望论强调,如果设定的激励目标过高,导致无法达到,那么该目标将失去使员工努力的动力,公司采取或设计的激励措施和方案将失去效用;在员工取得成绩后,总是希望可以得到某种奖励的,如果员工认为取得业绩后可以得到合理的奖励或者与其预期的奖励相符,他们就会有更高的积极性去工作。

因此,企业高管的薪酬激励需要考虑高管需求层次和期望的大小。

(四) 委托代理理论

随着经济发展和企业规模的不断扩大,企业所有权和经营权的分离是企业发展的必然选择,Berle 和 Means (1932) 开创性的研究认为,主张企业所有者应将企业经营权力让渡给企业经营者,所有者仅保留企业所有权,倡导企业经营者所有权和经营权分离,原因在于将企业所有权和经营权合二为一存在极大的弊端,于是,两位学者提出"委托代理理论"。由于所有者和经营者之间的目标函数不完全的一致性和信息不对称性,在企业所有者和经营者之间所形成的委托代理关系将产生代理成本问题。Jensen 和 Meckling(1976)进行了开拓性的实证代理理论的研究,并赋予代理成本的概念和内容,认为委托代理关系是一种契约,在这种契约下,一个人或更多的人(即委托者)聘用另一个人(即代理人)代表他们来履行某些服务,包括一些决策权。如果委托代理关系的双方都是效用最大化者,就有充分的理由相信,代理人不会总是以委托人的最大利益为行动目标,于是就形成了代理成本问题。

作为委托方的所有者,即股东,除了按照受托方的经营者即企业高管提供的工作量给付劳动报酬之外,还需要考虑如何监控企业高管,防止经营者可能采取损害股东利益的行为,即如何降低代理成本。从代理成本的内容看,由于委托代理关系的双方都有不同的效应函数,代理人可能出现"逆向选择",不以委托人利益最大化为行动目标,于是委托人需要通过对代理人进行适当的激励,或通过承担用来约束代理人越轨行为的监督费用,使得代理人的利益偏差有限,于是形成了委托人的激励支出或监督支出。另外,在某些情况下,为确保代理人不采取某种危及委托人的行为,或者即使代理人出现了某些危及委托人的行为,委托人可以得到某些补偿,可以要求代理人支出一定的保证金费用,于是形成了代理人的保证金支出。同时,即使以上两方面的支出成本都将发生,代理人的决策与委托人利益最大化的决策可能还会出现偏差,由于这一偏差,委托人的利益还是会遭受一定的货币损失,这也构成代理成本的一部分,即剩余损失。委托人的激励支出或监督支出、代理人支出保证金费用以及剩余损失就构成代理成本的主要内容（Jensen & Meckling，1976），因此，降低代理成本的思路可以从这三方面出发进行探究。同时，降低的代理成本部分，会导致公司绩效或利润上升，形成剩余价值，这部分剩余价值属于谁呢？也是一个重大问题。全部属于委托人，将会降低代理人降低代理成本的动力，因而，最好的途径是由委托人和代理人共同分享。因此，企业高管从企业获得薪酬一方面来源于自己的工作报酬，另一方面是企业所有者为减少代理成本而给予高管的剩余价值的分享。

二、薪酬差距理论基础

（一）马克思的按劳分配理论

马克思认为，公平是确保社会的每个人平等享有作为人的基本权利的价值实现，认为公平具有历史性和相对性，强调公平应以同一尺度统一标准来衡量。公平的前提条件是确保"一切人，或至少是一个国家的一切公民，或一个社会的一切成员，都应当有平等的政治地位和社会地位"①，也就是坚持生产资料公有制的前提下的公平。

马克思以唯物史观为指导，在分析资本主义市场经济的基础上，对公平的尺度做了新的阐释。他认为，"平等就在于以同一尺度——劳动——来计量"，这种平等的权利，对不同等的劳动来说是不平等的权利。以劳动为公平的标准，承认个人劳动能力以及与其相关的利益差别是个人天然的权利，要求不同的个人和不同的团体之间具有明确的利益界限及权利界限，多劳多得，少劳少得，有劳动能力不劳则不得，即按劳分配，以劳动来衡量才是公平的。"一个人在体力或智力上胜过另外一个人，因此在同

---

① 马克思恩格斯选集（第3卷）[M]. 北京：人民出版社，1995.

一时间内提供较多的劳动,或者能劳动较长的时间,而劳动,为了要使它能够成为一种尺度,就必须按照它的时间或强度来确定,不然它就不能称其为尺度了。"①

因此,在马克思看来,由于权利平等的相对性,劳动者先天禀赋等方面存在的差异而引起分配结果的薪酬差距,是个人劳动能力的差异的体现。

(二) 锦标赛理论

锦标赛理论,又名竞赛理论,是由美国经济学家 lazear. E. 和 Rosen. S. Rank 在1981年提出来的,该理论为解释企业高级管理人员之间的薪酬差距提供了基本的理论研究基础。他们将高管团队中的每位高管作为竞赛参与者,而薪酬差距是对获胜竞赛者的额外奖励,适当地扩大薪酬差距能够有效提高代理人的努力水平,降低代理成本,提高企业价值。同时,薪酬差距随着代理人数量的增加和组织层级的提高而扩大。

锦标赛理论旨在鼓励企业在高管团队内建立良好的竞争机制,强调薪酬差距随职位逐级扩大的高管团队薪酬模式,如果竞赛中的高管要想获得更高的薪酬水平,就必须通过晋升来获取。如果以业绩作为评判竞赛的胜负,高管薪酬取决于其业绩排名而非客观的业绩本身。也就是说,高管所获薪酬并不取决于他的绝对水平,而是取决于他和其他管理者相比而言的相对水平,若能取胜,则将获得高薪酬。高薪酬所代表的并不是竞赛中获胜的经理人较落败者具有显著高的生产力。

因此,锦标赛理论认为,当监控成本比较低廉时,确定最优努力水平是依据高管的边际产出确定薪酬。企业可以通过比较高管的边际贡献做出

---

① 马克思. 哥达纲领批判 [M]. 北京:人民出版社,1997.

晋升决策，选择变得相对简单。当监控难度比较大，成本较高时，企业难以获得确切的监督支付，常常会导致高管有强烈的偷懒倾向，此时，边际产出用于确定高管薪酬已不切实际，用于确定晋升的依据也变得困难。

在监控不易的条件下，与基于边际价值产出的激励合同相比，锦标赛机制优势突出。首先，依据锦标赛理论，薪酬取决于代理人边际产出的排序，不再参照具体的边际产出值，与后者相比，前者的度量简单可行，从而降低监控成本。其次，薪酬差距激励机制促进基层管理人员参与排序竞争，降低监控的必要性。最后，过去晋升中的获胜者因薪酬差距的存在具有继续前进的动力，进而追求更好的行政层次，为高级管理层提供了一种持续激励机制。

因此，锦标赛理论认为，在合作生产和任务相互依存的团队组织中，随着监控难度的提高，较大的薪酬差距可以有效降低代理成本，不断促进委托人和代理人达到一致目标，所以加大高管团队间的薪酬差距可以提升企业价值，通过竞争导致的薪酬差距是自然而然的结果。

(三) 行为理论

与锦标赛理论不同的是，行为理论认为较小的薪酬差距有助于提高员工之间的合作，同时，会减少管理层为实现某种政治目的来破坏他的竞争对手或者薪酬设定者权威的可能性，因此，认为缩小薪酬差距会提升公司价值。从薪酬激励效果而言，行为理论有三个分支：相对剥削理论、组织政治学理论和分配偏好理论。

1. 相对剥削理论

相对剥削理论认为，高管不但会将个人薪酬同其他层级人员的薪酬作比较，而且还和产出与投入之间的相关性做比较。如果低层次管理人员认为劳动所得和劳动付出不匹配，就会产生被剥削的感觉，进而产生消极怠工等不良情绪,从而影响了企业的整体价值和管理人员之间的合作度。在产出与投入做比较时,偏好产出公平分配,或者对个人能力预估过高,管理人员通常会弱化投入差异的影响,从而影响企业的绩效和价值。同时,由于高管能力差别的难以衡量性,即使薪酬差距是由生产率的差异或个人因素差异造成的,依然会导致高管产生不满情绪和抵触心理。因此,相对剥削理论认为,即使某高管比其他高管团队成员做出了更多贡献,薪酬差距也会给其他高管成员带来不公平感和负面影响,不利于企业价值的提升。

2. 组织政治学理论

组织政治学理论认为,由于存在晋升竞争和政治行为,薪酬差距增大会使员工以减少合作的方式来增加利己的努力水平,同时还会增加从事实现自己政治目的的可能性。对于高管来说,他们一般面临以下选择:①自己的总体努力水平;②将总体努力在利己和合作两个极端之间进行分配的选择;③政治行为选择。薪酬差距之所以是影响每一个选择的因素在于较大的薪酬差距会增加下属的总体努力水平,但他们是通过减少合作的努力、增加利己的努力来实现的。同时,较大的薪酬差距还会增加高管从事为实现其政治目的的某些活动的可能性,包括向对手隐瞒重要信息、损害对手的声誉、提高自己的虚名而非真实的业绩水平。因此,组织政治学者认为,当团队合作变得重要时,政治目的对合作破坏的危险超过了更高努力水平所带来的收益。Lazear(1989)指出,"竞争鼓励人们增加投入的努力,这对于产出具有正面效应……但竞争也会抑制参赛者之间的合作,并导致直接的破坏行为",面对这些方面的考虑,Lazear提出建议:当劳动者有能力影响彼此的产出时,薪酬差距应该小一些。

3. 分配偏好理论

分配偏好理论认为,薪酬方案的设定应在薪酬设定者和获得者之间的互动中决定,由于薪酬差距会"给领取薪酬的人带来不满"(Creenberg,1987),"这种不满会给薪酬设定者带来非常严重的负面后果。它可能必须承受来自不满者的指责和压力……这种指责毋庸置疑会影响薪酬设定者的权威和身份"(Leventhal,1980),因此,薪酬应以"不给领取薪酬的人带来不满"(Creenberg,1987)为依据进行设定。当团队合作和维持社会和睦很重要,个人边际贡献难以测算或竞争会导致团队成员在工作中玩弄政治阴谋以实现其自身的政治目的时,即使个体绩效差异明显,也应该采用相对均等的薪酬。

总之,行为理论的不同学派的解释角度不同,但是一致认为较小的薪酬差距会提高合作程度,减少不良竞争和恶意破坏行为的产生,因此,较小的高管薪酬差距有助于提升企业价值。

(四) 社会比较理论

美国社会心理学家Festinger(1954)最先提出了社会比较理论。社会比较理论认为,人类有了解和评价自己表现、能力、观点的需要,这种评价往往是通过与他人的比较来实现的,如果不依赖比较,人们往往无法客观地了解自己。这种为评价自己而与他人进行比较的过程被称为社会比较。在Festinger之后,Sehaehte对社会比较理论进行了拓展,并把它引入到社会学、心理学等学科的研究中。Sehaehte(1964)提出,当人们在无法判断自己的情绪状态时,也可能进行社会比较。比如,面临一个新的情境时,个体往往无法准确判断自己的情绪,而通过与他人的比较则提供了可资借鉴的线索。因此,社会比较是通过与某个参照对象进行比较,完成对自己的能力、处境等方面评价和判断的过程(Suls,2000)。

大量学者运用不同的理论、假设和模型，对社会比较进行了研究和分类，一般认为，社会比较主要有三种类型：平行比较、上行比较和下行比较。根据 Festinger（1977）的相似性假设、Goethals 和 Darley（2000）的相关属性假设、Wheeler 和 Martin（2000）的代表比较模型等相关理论和模型，认为平行比较就是与自己相似处境和地位的人进行的社会比较。同时，Wheeler 和 Martin（2000）也认为，每个人都有积极向上、不断完善自己的基本动力，因此在与某个参照对象进行比较时，往往喜欢选择一个地位比自己高或处境比自己好的他人进行比较，以利于找出自己与他人的差距或自己存在的不足和缺点，以达到自我进步和自我完善的目的。因此，这种选择比自己地位高和处境好的他人进行的比较，即为上行比较。Hakmiller（1962）提出了下行社会比较观点，Wills（1981）则在此基础上，提出了系统全面的下行社会比较理论，该理论被称为"新社会比较理论"。该理论认为，当一个人出现了消极事件，比如个人失败、身体健康下降或自尊心受到打击等，该个体将趋向找一个比自己地位低或处境差的人比较，以此来达到维持自尊、主观满意和心情改观的目的，这种比较即为下行比较。

从平行比较、上行比较和下行比较的定义来看，他们都有一个共同的特征，即都是从现实生活中找一个参照对象，来完成对自己能力和处境等方面评价和判断的过程，因此，当现实生活中不存在这样的参照对象时，则无法完成社会比较。所以，从 20 世纪 90 年代后有学者，比如 Goetlals（2000）又提出了构建性社会比较概念。构建性比较是指个体可以发挥自己的想象，在自己头脑中主动建立相关信息，并与这些构建性的信息进行比较从而获得自我评价和判断的过程。

因此，社会比较理论的结构框架如图 2-1 所示。

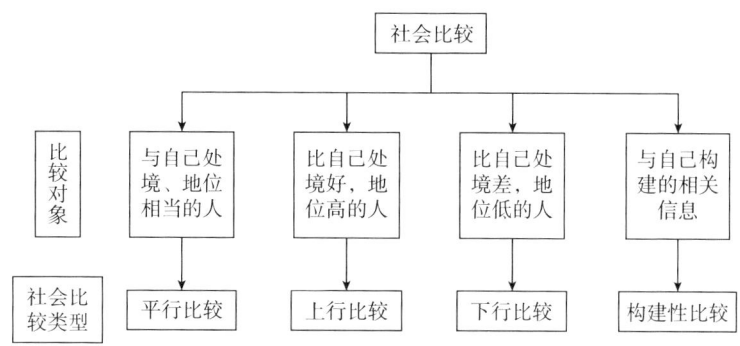

图 2-1 社会比较对象及社会比较类型

第二节 文献综述

目前,围绕着薪酬相关的研究非常丰富,本章主要从薪酬差距及其与代理成本和公司绩效等角度进行回顾和分析。

一、高管薪酬差距与代理成本研究述评

自从 Berle 和 Means(1932)提出"委托代理理论",特别是 Jensen 和 Meckling(1976)界定代理成本以来,学者主要从代理成本影响因素和代理成本的计量方面进行研究,以求寻找代理成本的方法和途径。

(一)国外研究

Jensen 和 Meckhng(1976)在理论上揭示了代理成本的产生以及降低股权代理成本和债券代理成本的途径,但他们并未提供实证证据。Ang、

Cole 和 Lin（2000）提出两种计量代理成本方法，即销售费用法和资产使用法，以 1708 家小企业作为研究样本，研究发现，管理者持有部分或不持有所有权的公司的代理成本显著高于管理者持有 100% 所有权的公司，由外部管理者来管理的公司，其代理成本更高，公司代理成本与管理者持有的所有权比例呈负相关关系，并且由银行来充当外部监督者的公司，其代理成本更低。Singh 和 Davidson（2003）扩展和延伸了 Ang、Cole 和 Lin（2000）的研究，将后者的研究方法和思路运用到美国三大证券市场上市的大公司中，研究发现，运用资产周转率作为代理成本的代理变量，所得的结论相似，管理层持股比例与资产周转率正相关，降低公司代理成本，而用操控性（Discretionary Expenses）销售费用率表示代理成本所得的结论有所差异，认为管理者持股比例与操控性销售费用率呈现不显著的负相关关系，并且认为外部大股东和小规模的董事会以及引入独立外部董事对降低代理成本的效果是有限的。Colller 和 Gregory（1999）用董事持股比例作为股权代理成本的代理变量，用资产负债率作为债券代理成本的代理变量，从外部治理的角度出发研究发现，英国公司中代理成本与审计委员会审计活动之间的关联程度要高于美国公司的关联程度。Belden、Fioter 和 Knapp（2005）用股利支付率来衡量代理成本，利用美国 500 家公司的资料研究发现，董事会中外部董事比重越高，越容易支付股利，从而降低代理成本。

（二）国内研究

1. 代理成本的计量与影响因素研究

国内有关代理成本的研究，大量是沿用西方的研究思路，特别是代理成本的计量方面，大多数学者用 Ang、Cole 和 Lin（2000）的做法，采用销售费用率和资产周转率作为代理成本的代理变量，在分析代理成本影响因素时，主要从公司资本结构、股权结构、公司治理以及公司外部环境等角度研究。张兆国、宋丽梦和张庆（2005），张兆国、何威风和闫炳乾（2008）分别用1990~2003年和2000~2005年上市公司的经验数据，从资本结构的角度，运用经营费用率和资产利用率衡量代理成本，研究了控股股东持股比例、第二至第十大股东持股比例、社会公众股比例、公司债务总体水平以及银行借款比例对国有企业和民营企业的代理成本的影响，研究认为，国有控股上市公司的代理成本要显著高于民营上市公司，企业的资本结构差异是影响企业代理成本的重要因素。宋力和韩亮亮（2005）用管理费用率与总资产周转率作为计量代理成本的替代变量，利用2001年在沪深两市上市的1080家上市公司为样本，从股权集中度和股权制衡度的角度，研究大股东持股对代理成本的影响，研究发现，代理成本与股权制衡度正相关，而与股权集中度负相关。李寿喜（2007）采用管理费用率和资产周转率作为代理成本的代理变量，利用2000~2004年电子电器行业的企业作为研究样本，考察产权制度对代理成本的影响，研究发现，国有产权企业的代理成本显著高于混合产权和个人产权企业，国有产权企业的代理问题更为严重，并且在国有产权企业里，企业规模也会影响企业代理成本。李明辉（2009）利用2001~2006年中国上市公司的数据，采用管理费用率与总资产周转率作为计量代理成本的替代变量，分析股权结构（包括管理层持股、实际控制人性质、股权集中度和制衡度等）和公司治理（包括董事会规模和独立性、监事会和审计委员会等）因素对股权代理成本的影响。有学者认为，公司外部治理环境也对代理成本产生影响，曹建新和赵明丽（2005）以管理费用率和总资产周转率来计量代理成本，通过比较2003~2004年的审计报告发现，审计独立性对代理成本显著具有负向影响，审计独立性越高，代理成本越小。高雷和宋顺林（2007）利用销售费用率和资产周转率来衡量代理成本，以 2003～2005 年 2211 家上市公司为样本，考察公司治理外部环境与代理成本之间的关系，研究发现，政府干预和管制将会显著增加公司代理成本，而市场化进程的提高和法律对投资者保护的完善有助于降低代理成本。

因此，国内学者对代理成本计量，主要是以管理费用率、总资产周转率作为代理变量，但也有很多学者用其他计量方法研究代理成本，比如平新乔、范瑛和郝朝艳（2003）以最大似然估计模拟程序来估计代理成本，廖理和方芳（2004）则以公司增长机会和自由现金流替代代理成本，陈冬华、陈信元和万华林（2005）用在职消费作为代理成本的代理变量，吕长江和张海平（2011）以企业的非效率投资为代理成本的代理变量，刘春和孙亮（2012）用薪绩敏感度来衡量代理成本，使得对代理成本的计量多样化。

2. 高管薪酬差距与代理成本研究

对于高管薪酬差距与代理成本的关系，国内学者主要从高管薪酬的角度分析对公司代理成本的影响，而直接研究高管薪酬差距对代理成本影响的研究较少。

王克敏和陈井勇（2004）以管理费用率为公司权益代理成本的代理变量，以 2000 年在沪深两市上市的 642 家公司为研究样本，研究发现，高管持股比例与管理费用率呈显著负相关关系，说明权益代理成本会随着高管持股比例的提高而降低，高管持股有助于公司代理成本。

张兆国、宋丽梦和张庆（2005）利用 1990～2003 年 7252 家上市公司的经验数据，运用经营费用率和资产利用率来衡量代理成本，研究发现，高管持股比例与经营费用率呈显著负相关，高管持股比例与资产利用率呈显著正相关，说明适当提高经营者持股比例是降低代理成本的有效措施。

肖作平和陈德胜（2006）以1213家上市公司为研究对象，采用管理费用率和资产周转率为公司代理成本的代理变量，研究发现，高管薪酬与代理成本呈现负相关关系，但是统计上不显著。

徐向艺、王俊韡和巩震（2007）以2004年的1107家公司作为样本，采用管理费用率作为代理成本的代理变量，研究发现，高管货币薪酬与代理成本呈显著负相关，即高管薪酬越低，代理成本越高，而高管持股与代理成本不存在显著相关关系。

罗宏和黄文华（2008）采用在职消费作为代理成本的代理变量，以2003～2006年在沪深两市上市的2008家上市公司为研究样本，从高管货币薪酬和高管持股两个角度研究高管薪酬对代理成本的影响。研究发现，从高管货币薪酬来看，无论是国有性质控制的公司还是非国有性质控制的公司，高管货币薪酬与在职消费的系数都是显著正相关，说明高管获得货币薪酬对高管人员并没有起到激励作用，反而加剧了高管人员通过在职消费进行自我激励的行为，增加了公司代理成本。以高管持股作为高管薪酬表现，在国有性质控制的公司里，高管薪酬与在职消费的关系为显著正相关，高管持股并未减少公司代理成本，在非国有性质控制的公司里，高管薪酬与在职消费的关系为不显著负相关。

卢锐、魏明海和黎文靖（2008）利用2001～2004年沪深两市上市公司为样本，以在职消费作为代理成本的代理变量，研究发现，在非国有控股的公司里，高管获得的货币薪酬与公司高管的在职消费呈显著正相关关系，而在国有控股的公司里，在职消费与货币薪酬仍然呈正相关但不显著。

周中胜（2008）利用2001～2004年的非金融类上市公司为研究样本，以股利支付率作为代理成本的代理变量，研究发现，高管薪酬与股利支付率呈显著正相关关系，高管薪酬提高能够在一定程度上促使管理当局将自由现金流量以现金股利的方式返还给股东，从而减少自由现金流的代理成本。

黄志忠和白云霞（2008）运用采用Jones模型确定的可控费用率作为代理成本的代理变量，以2002~2005年4581个上市公司作为研究样本，研究发现，公司高管持股的股权激励的水平与代理成本呈负相关，但不显著，说明股权激励水平越高，代理成本未必就越低。在私有产权控股的公司里，高管持股或安排股权激励的上市公司代理成本较低，但高管持股比例与代理成本不呈线性关系，高管持股比例过高会带来负面效应；而国有产权控股的上市公司里，高管股权激励没有产生降低代理成本的效果。

李明辉（2009）利用2001~2006年6046家中国上市公司的经验数据，采用管理费用率与总资产周转率作为计量代理成本的替代变量，研究发现，当采用管理费用率衡量代理成本时，管理层持股比例与代理成本呈U型关系，但若采用资产周转率衡量代理成本，这一关系则不够显著。

陈建林（2010）以2006年338家上市公司家族企业作为研究对象，利用资产周转率为代理成本的代理变量，研究家族企业的薪酬机制对代理成本的影响，研究发现，家族企业的薪酬机制对降低代理成本发挥了显著的积极作用，高管的货币薪酬、高管持股比例以及高管薪酬差距与代理成本呈显著负相关关系。李纪明和杜微微（2010）以2006~2009年60家上市公司家族企业作为研究对象，利用管理费用率为代理成本的代理变量，得出了类似的结论，研究认为，家族企业高管人员的控股比例和薪酬差距与代理成本存在显著的负相关，高管人员之间的薪酬差距越大，越有利于降低家族企业的代理成本。

吕长江和张海平（2011）以企业的非效率投资为代理成本的代理变

第二章 理论基础与文献综述

量,以 2006~2009 年 61 家推出并实施股权激励计划的公司为研究样本,并选择同期的非股权激励计划的公司作为对照样本,研究发现,对高管实施股权激励制度有助于抑制公司投资过度和防止投资不足的现象,从而缓解公司高管和股东的利益冲突,间接实现了降低代理成本的目的。

黄福广、李广和李西文(2011)以管理费用率、总资产周转率作为代理变量,利用 2002~2006 年 5734 家公司作为研究样本,研究发现,无论在国有性质的公司还是在民营性质的公司里,提高高管薪酬都有助于降低公司代理成本,并且认为高管行政级别的晋升对高管薪酬降低代理成本具有替代效应。

李宝宝和黄寿昌(2012)以在职消费为公司代理成本的代理变量,选择 2005~2008 年国有上市公司为样本进行实证检验,研究发现,国有企业的高管获得的货币薪酬越高,公司高管在职消费越高,公司的代理成本越大,但是在不同的年度里有不同的表现,在企业会计准则变更前的 2005 年和 2006 年里,国有企业的高管获得的货币薪酬与在职消费显著负相关,而在企业会计准则变更后的 2007 年和 2008 年里,国有企业的高管获得的货币薪酬与在职消费显著正相关。以高管持股作为高管薪酬的代理变量,也有类似的结论,高管持股比例越高,公司在职消费越高。同时他们还检验了高管薪酬外部差距与内部差距对在职消费的影响,检验结果表明,高管薪酬外部差距与在职消费呈负相关关系,但统计上不显著,而高管内部差距与在职消费呈显著负相关关系。

因此,纵观国内对高管薪酬差距与代理成本的研究,不难看出,目前的研究主要集中在高管薪酬与代理成本的研究范围内,而真正的高管薪酬差距与代理成本之间的关系研究较少,表现在陈建林(2010)与李宝宝和黄寿昌(2012)两篇文章中,高管薪酬差距也集中在核心高管与非核心高管薪酬差距方面,从社会比较理论角度看,主要是高管薪酬的下行比较,而高管薪酬的平行比较和构建性比较涉及较少,甚至没有。

二、高管薪酬差距与公司绩效研究述评

(一) 国外研究

从高管薪酬角度看,由于国外的资本市场较为发达,国外众多学者主要从货币薪酬和股票薪酬两个角度对公司高管薪酬与公司绩效的关系进行研究。大部分学者认为,高管货币薪酬与公司绩效呈现正向关系,但是正向相关程度有所不同,Murphy(1985)、Lambert 等(1987)、Leone 等(2006)和 Jackson 等(2008)等都认为高管薪酬与公司业绩呈现显著的正相关。从股票薪酬角度,如 Delnsetz 和 Lehn(1985)、Mehran(1995)等认为高管持股与公司业绩或价值正相关,同时有学者认为,高管持股会改变高管的薪绩敏感度,但是结论有所差异,比如 Hall 和 Liebman(1995)认为,高管持股会显著提高薪酬绩效灵敏度。Aggraw 和 Samwick(1999)则认为,高管持股降低了高管报酬—业绩敏感性。还有学者认为,以高管持股作为高管薪酬计量,高管薪酬与公司绩效存在"区间效应",Morck 等(1988)利用20世纪80年代的371家财富500强公司为样本,认为管理层持股与公司价值(以托宾 Q 值表示)之间存在显著的非单调线性关系,检验发现:当高管持股小于5%时,高管持股比例与公司价值正相关;当高管持股介于5%~25%时,高管持股比例与公司价值负相关;当高管持股大于25%时,高管持股比例与公司价值呈现微弱的正相关。但是,Hermalin 和 Weisbach(1991)利用纽约证券交易所的142家公司进行分析,却得到一个相反的结果,只不过右边分界点为20%。McConnell 和 Servaes(1990)利用1976年的1173家公司和1986年

的1093家公司组成的样本，研究发现，高管持股与公司价值（以托宾Q值表示）呈现倒U型的二次曲线关系，并且认为高管持股达到40%~50%时公司价值最大。

从高管薪酬差距来看，Pedro S. Martins（2008）在总结前人的研究基础上认为，目前有两种互为矛盾理论解释高管薪酬与公司绩效之间的关系，一种是Akerlof和Yellen（1990）以及Fehr和Schmidt（1999）倡导的公平理论（Fairness and Equity Considerations），认为薪酬的平均化是公司绩效的决定性因素，另一种理论是Lazear和Rosen（1981）倡导的锦标赛理论（Tournament Theories），认为薪酬大差距具有更大的激励效果，从而提升公司绩效。

James Wade等（1993）认为，锦标赛机制为给予公司顶级高管大额薪酬激励提供了合理的解释，并通过收集200多家，每年超过2000名的公司高管近五年的相关资料分析发现，对公司顶级高管的激励，锦标赛理论比公平理论的解释作用更强。并且通过所收集的高管相关资料测算，公司员工每提升一级，其薪酬将会增加10%~20%，从公司最低层上升到公司最高层CEO，其累计的奖金大概在460万~620万美元。

Tor Eriksson（1999）通过收集210家丹麦公司的2600名公司高管为期四年的详细资料，分析结果支持锦标赛理论对高管薪酬的解释作用。他们研究分析，高管薪酬与其工作业绩水平存在着凸型关系，而且这个凸型关系表现很稳健，并不随着高管工作业绩水平的计量方式的改变而改变。对公司绩效承担责任越多，公司管理者的薪酬离散程度就越大，在"嘈杂"的商业环境下，公司销售变动1个标准差，公司高管薪酬将变动3个标准差。

Chen、Shen和Su（2005）以中国资本市场为经济转型市场的代表，分析锦标赛理论在经济转型市场中的适用性。他们通过收集1999～2006年450家中国上市公司的共计34701名公司高管的薪酬资料，研究结果支持锦标赛理论在中国这个经济转型国家的适用性。研究认为，高管薪酬差距随着高管级别的上升而扩大，但高管薪酬差距并非随着高管级别差距单调增加，薪酬差距最大的是第一级别与第二级别的高管之间的差距，在控制了公司和高管个人因素的条件下，第二级别与第三级别高管之间的薪酬差距要小于第三级别与第四级别高管之间的薪酬差距，并且认为高管薪酬差距是随着中国的薪酬制度改革进程持续扩大，第一级别与第二级别高管薪酬差距从1999年到2006年扩大了6.05倍。结合中国上市公司的特征，他们还认为，中国上市公司的国有性质降低了高管薪酬和薪酬差距，董事会中引入更多的外部董事将扩大高管薪酬差距，而董事会引入更多的外部监督者，将降低高管薪酬差距。

通过上述文献分析和回顾可以看出，锦标赛理论对于高管薪酬差距具有一定的解释作用，认为公司高管薪酬差距与公司绩效存在正相关关系。同时，国外研究中也存在公平理论对薪酬差距负向解释，认为高管薪酬的平均化或薪酬差距小，有利于高管之间、员工之间以及高管与员工之间的合作，从而提高公司绩效。Hambrick（1988）认为，现代企业中的各项工作都是相互联系的，因此认为如果薪酬计划还是以独立工作方式为依据来制订，则这样的薪酬计划将是不符合现代企业特征的，将无法激励在锦标赛中的"失败者"。Pedro S. Martins（2008）利用葡萄牙的葡华报所披露在4735家公司以及这些公司1389328名职工的详细信息中选取46423名工人作为观察样本，运用最小二乘法和面板数据中的固定效应分析方法，研究发现，当考虑企业和职工的个人特质的情况下，职工之间的薪酬差距与公司绩效存在显著负相关，职工薪酬的标准差每增加1%，公司绩效将下降17%，从而认为公平理论对公司绩效更具有解释能力。

（二）国内研究

目前，国内对薪酬差距的研究，主要是借鉴和沿用国外已有的研究理论、研究方法、研究视角。从研究理论看，主要是根据锦标赛理论、行为理论和社会比较理论等作为理论基础。从研究方法而言，主要是资料分析法，而通过实验方法、案例方法和调查问卷等方式来研究薪酬差距较少。从研究视角看，研究薪酬差距主要考虑的是货币薪酬，从股权激励角度研究薪酬差距的较少。比较经典的研究文献主要有林浚清、黄祖辉和孙永祥（2003），陈震、张鸣（2006），张正堂（2007），鲁海帆（2007），卢锐（2007）以及刘春和孙亮（2010）发表的相关论著。

林浚清、黄祖辉和孙永祥（2003）是国内较早专门研究高管薪酬差距与公司绩效的学者，他们选择1999年和2000年两年的中国上市公司作为研究样本，以锦标赛理论和行为理论作为理论基础，分析了高管团队内的薪酬差距与公司绩效之间的关系，认为中国上市公司薪酬差距和未来公司绩效之间存在正相关关系。在薪酬差距指标设置方面比较全面，考虑了高管团队内部薪酬差距的绝对数和相对数，绝对薪酬差距以 CEO 的薪酬与非 CEO 平均薪酬之差来表示，相对数用 CEO 的薪酬与非 CEO 平均薪酬之比来表示，研究认为中国上市公司的 CEO 与非 CEO 之间的薪酬差距远小于国外公司，但从相对薪酬差距而言，公司之间的差异较大，并且认为绝对薪酬差距相对薪酬差距来说，绝对薪酬差距对未来公司绩效的相关程度更高。在公司绩效指标选择方面也比较全面，既选择了财务业绩指标，也选择了市场业绩指标，认为薪酬差距对公司财务绩效的影响大于对市场绩效的影响；他们既选择了长期财务绩效指标，也选择了短期财务绩效指标，认为薪酬差距对长期财务绩效的影响大于对短期财务绩效的影响；他们既选择了相对绩效指标,也选择了绝对绩效指标,认为薪酬差距对相对公司绩效的影响大于对绝对公司绩效的影响,由此可以看出他们得出的研究结论也比较丰富。另外,他们还对薪酬差距的影响因素进行了分析,认为在国有企业里,高管团队内薪酬差距较小,职工参与公司的经营管理和监督有助于降低高管团队内的薪酬差距,股权集中度加强也会导致高管团队内的薪酬差距的减小,但董事会中内部董事增加也会导致高管团队内部薪酬差距的扩大。因此,他们的研究结论认为,锦标赛理论对中国上市公司的薪酬差距与绩效之间的关系有较好的解释作用。

陈震和张鸣(2006)以 2001~2004 年的中国上市公司作为研究样本,以锦标赛理论和社会比较理论作为分析的理论基础,以核心高管薪酬与非核心高管薪酬之间的绝对数作为薪酬差距,对中国上市公司高管团队内部薪酬差距与公司绩效的关系进行了研究,认为高管团队内部薪酬差距与公司绩效呈正相关关系,但这一正相关关系,受到业绩指标选择和公司的成长性等因素的影响,在高成长性的公司里,高管内部薪酬差距与市场绩效正相关,而与会计绩效无显著相关性,在低成长性公司里,高管团队内部薪酬差距与每股收益正相关,而与其他业绩指标不相关。同时,他们也对高管团队内部薪酬差距的影响因素进行了探讨,认为,高管团队规模越大,参加竞争的人数越多,高管团队内部薪酬差距也越大,公司规模与高管团队内部薪酬差距正相关,公司所处的区域位置也影响高管团队内部薪酬差距,地处经济发达地区,该薪酬差距也将扩大。

张正堂和李欣(2007)、张正堂(2007,2008)从不同角度分析了高管薪酬差距与公司绩效之间的关系,"有趣的"是他们得出了相反的结论,张正堂和李欣(2007)以 2001~2004 年的中国上市公司作为研究样本,以总经理的薪酬与不包括总经理在内的薪酬前三高管平均薪酬的绝对差距和相对差距作为高管管理团队内部薪酬差距的指标,以资产收益率和每股收益为业绩代理变量,研究发现,高管薪酬差距与绩效呈正相关,支持锦标赛理论。而后张正堂(2007)用同样的方法,相同区间的样本却发现高管薪酬差距与绩效呈负相关关系。同时,考虑到其他因素,张正堂(2007)认为,高管团队内部薪酬大差距与团队的协作关系交叉影响对提升高管绩效有正向作用。另外,张正堂(2007)在之前的研究基础上,研究了高管团队内部薪酬差距的影响因素,认为随着公司经营的多元化增加和公司技术复杂程度增加,高管团队内部薪酬差距也将扩大。他们的研究还发现,在不同地区的公司,高管团队内部的薪酬差距也有差距,西部地区的公司,其高管团队内部的薪酬差距要显著大于中东部地区,非制造类企业的高管团队内部的薪酬差距要显著大于制造类公司,但实际控制人的国有性质对高管团队内部的薪酬差距无显著影响。

张正堂(2008)将研究高管团队内部的薪酬差距做了研究扩展,认为高管团队内部的薪酬差距对公司未来绩效(以 ROA 作为代理变量)具有负向影响,但考虑到企业人数规模和公司技术复杂程度,该关系又呈现正向关系,同时还认为,高管与普通员工的薪酬差距对未来公司绩效(以 ROA 作为代理变量)无显著影响,但同样考虑到企业人数规模和公司技术复杂程度,该关系表现正向关系,并且认为,在国有企业里,扩大高管与员工的薪酬差距会导致公司未来绩效下降。

鲁海帆(2007)以 2001~2005 年的中国上市公司为研究样本,研究高管团队内部薪酬差距与绩效之间的关系,认为高管团队内部高管薪酬差距与公司绩效呈正相关关系,但认为公司的多元化状况对这一正相关关系有显著影响,当公司在多元化经营过程中,多元化的相关程度和多元化种类对这一正相关关系具有抑制作用,说明在公司多元化进程中,多元化的项目的相关性和项目数量对高管团队内部高管薪酬差距有正向作用。同时，鲁海帆（2007）也发现，高管团队内部的货币薪酬差距与公司绩效有正相关性，并且这一正相关关系不存在区间效应，研究还发现，当上一年度公司绩效好的时候，公司下一年度的高管团队内部的货币薪酬差距会进一步拉大。

卢锐（2007）从管理者权力的角度，以2001~2004年的公司数据作为研究样本，研究了高管者权力对薪酬差距与公司绩效的关系的影响，认为在管理者权力较大时，高管团队内部薪酬差距与公司绩效有显著的正相关关系，而公司核心高管与普通员工的薪酬差距对绩效无显著影响。

刘春、孙亮（2010）以2001~2007年中国上市公司为研究样本，研究了中国国有企业里高管与员工之间的薪酬差距与企业绩效之间的关系，研究结果表明，国企高管和员工间的内部薪酬差距与企业绩效显著正相关，从而支持锦标赛理论，并且这一正相关性不会随着薪酬差距的计量方式和绩效的衡量方法而改变，研究结果较为稳定。并且还认为，内部薪酬差距的激励强度随地区及公司间差异而不同，并随年度和地区呈现出显著的边际递减效应。

随着研究的深入，国内对高管薪酬差距的研究内容有一定程度的扩展。石永栓和杨红芬（2011）利用2005~2010年9707家中国上市公司作为研究样本，从高管团队内外部薪酬差距的角度，研究分析了高管薪酬差距对未来公司绩效的影响，研究发现，高管团队内外部薪酬差距均与公司未来绩效呈倒U型关系，即无论是高管团队内部薪酬差距还是外部薪酬差距，未来绩效都随着高管薪酬差距的扩大而提高，但当薪酬差距超过一定程度时，则高管薪酬差距会阻碍公司未来绩效的提高。赵睿（2012）利用1999~2009年中国上市公司为研究样本，分析了高管与员工薪酬差距对公司绩效的影响，研究结论与石永栓和杨红芬（2011）相类似的结论，高管与员工薪酬差距与公司绩效呈倒 U 型关系。

宋增基和夏铭（2011）以 2006～2009 年 14 家上市银行为研究对象，分析银行内部高管薪酬差距对银行绩效的影响，研究结论表明，不同性质的银行内部高管薪酬差距对银行绩效有不同的影响，上市银行行长与管理层的薪酬差距与当年和下一年绩效显著正相关，支持了锦标赛理论。而上市银行行长与银行董事的薪酬差距与当年和下一年绩效显著负相关，说明上市银行行长与银行董事之间的薪酬差距给银行绩效带来了负面作用。上市银行行长与一般员工的薪酬差距对银行绩效无显著影响。

李绍龙、龙立荣和贺伟（2012）则提出高管团队垂直薪酬差距与水平薪酬差距的概念，并且利用 2008～2009 年 992 家上市公司为样本，研究发现，高管团队垂直薪酬差距与公司绩效呈正相关关系，同时高管团队垂直薪酬差距与水平薪酬差距对企业绩效具有交互作用。

程新生、宋文洋和程菲（2012）从高管与员工之间的薪酬差距的角度研究了薪酬差距与董事长成熟度与创造性产出之间的关系，认为扩大高管与员工之间的薪酬差距有利于公司创造性产出，并且这一关系与董事长的成熟度有关，董事长在位时间越长、年纪越长，董事长越表现成熟，有利于制定具有竞争性和公平性兼顾的高管员工薪酬差距，从而有利于发挥高管员工薪酬差距对创造性产出的正向性。

纵观国内有关薪酬差距和企业绩效关系的研究文献，不难发现，国内此方面研究仍以大样本实证检验为主，研究虽然未达成一致的结论，但支持锦标赛理论观点的颇多。同时，目前薪酬差距的研究大多数是研究的高管团队内部差距，而且大部分是研究总经理或董事长或核心高管与一般高管之间的薪酬差距。从社会比较理论角度看，目前这些高管薪酬差距的研究主要是下行比较研究,即选择的参照对象是职位低于研究对象的人。但是,平行比较研究和构建性比较研究也是社会比较研究的重要内容,对于目前薪酬差距研究,公司之间的薪酬差距研究较少,高管薪酬的构建性比较研究在中国的研究中几乎没有。

本章小结

本章首先从劳动价值理论、人力资本理论、管理激励理论和委托代理理论等相关理论对薪酬产生的机理和性质进行理论探讨,为本书后续的研究提供理论基础。在此基础上,本章从马克思的按劳分配理论、锦标赛理论、行为理论和社会比较理论等相关理论对薪酬差距的形成机理及其作用进行理论探讨,为本书后续的高管薪酬差距研究分析提供理论基础。

在对高管薪酬和高管薪酬差距进行理论分析的基础上,本章对高管薪酬差距对公司代理成本和公司绩效的国内外研究进行了回顾和梳理。本章通过分析发现,国内对代理成本的研究、代理成本的计量和影响因素分析,基本上都在借鉴国外的做法,而高管薪酬差距对代理成本的研究主要集中在高管薪酬与代理成本之间的关系研究上,真正高管薪酬差距对代理成本的研究几乎处于空白状态。对于高管薪酬和薪酬差距及其与绩效关系的研究,在国外的研究中,从研究视角、研究国别、研究对象、研究领域等各方面都有学者涉猎,研究内容较为丰富,研究方法较为科学。而国内对薪酬和薪酬差距的研究,主要是借鉴和沿用国外已有的研究理论、研究方法和研究视角。从社会比较理论角度看,目前,有关高管薪酬和薪酬差距的研究还存在着一些不足,比如目前大多数研究是针对高管团队内部差距的研究,而且大部分是总经理或核心高管与一般高管之间的薪酬差距,即高管薪酬的下行比较研究,而高管薪酬的平行比较和构建性比较研究却很少,甚至几乎没有。

第三章　高管薪酬及其差距的衡量与现状分析

第一节　高管薪酬差距的界定

一、高管与高管薪酬的界定

(一) 高管的界定

高管，即"高级管理人员"的简称。

从法律层面来看，高管是指根据公司章程或者董事会授权而掌握公司经营权，专门行使公司经营管理职能并对公司经营效益负责的公司高层管理人员。美国《标准公司法》规定，"公司的高管是指由公司章程细则（Bylaws）规定的高级职员或者董事会依照公司章程细则任命的高级职员"①。2005年修订的《公司法》规定,"高级管理人员是指公司的经理、副经理、财务负责人、上市公司董事会秘书和公司章程规定的其他人员"②。2006年开始试行的《上市公司股权激励管理办法》规定,股权激励计划的激励对象"可以包括上市公司的董事、监事、高级管理人员、核心技术(业务)人员,以及公司认为应当激励的其他员工,但不应当包括独立董事"③。2009年修订的《中央企业负责人经营业绩考核暂行办法》规定了中央企业负责人的范围,包括"国有独资企业的总经理(总裁)、副总经理(副总裁)、总会计师;国有独资公司的董事长、副董事长、董事,列入国资委党委管理的总经理(总裁)、副总经理(副总裁)、总会计师;国有资本控股公司国有股权代表出任的董事长、副董事长、董事,列入国资委党委管理的总经理(总裁)、副总经理(副总裁)、总会计师"④。2006年制定的企业会计准则《关联方交易》讲解中,将"关键管理人员定义为董事长、董事、总经理、总会计师、财务总监和主管各项事务的副总经理,但不包括监事"⑤。由此,从法律层面上看,高管包括董事会和公司经理层的主要成员。

从委托代理的角度来看,现代企业是所有权和经营权相分离又紧密联系在一起的产物,在股东会、董事会和经理层存在着两层委托代理关系。第一层委托代理关系为全体股东与董事会之间的委托—代理关系,董事会

---

① 施廷博. 上市公司高管薪酬监管法律制度研究 [D]. 华东政法大学博士学位论文, 2012.
② 中华人民共和国公司法(2005年修订)[EB/OL]. http://www.gov.cn/ziliao/flfg/2005-10/28/content_85478.htm.
③ 上市公司股权激励管理办法 [EB/OL]. http://www.csrc.gov.cn/pub/newsite/ssb/ssflfg/xggzjwj/200906/t20090623_108078.htm.
④ 中央企业负责人经营业绩考核暂行办法(2009年修订)[EB/OL]. http://www.gov.cn/flfg/2010-01/22/content_1517096.htm.
⑤ 财政部会计司编写组. 企业会计准则讲解(2010)[M]. 北京: 人民出版社, 2010.

通过股东大会，接受全体股东的委托，代理行使全体股东的权力，决定公司的经营计划和投资方案等重大决策，并对股东会负责。第二层委托代理关系是公司经理层与董事会之间的委托—代理关系，即公司经理层受董事会委托，在公司章程和董事会授权的范围内，代理董事会实施具体的业务执行工作。因此，公司董事会和经理层成员对公司的经营决策和执行都具有决定性作用。高管在企业经营活动中发挥着至关重要的作用，且远比基层管理人员重要（Rosen，1982），因此，公司高管应是包括董事会和经理层的主要负责人。

从学术研究角度而言，通过对国外相关文献的分析发现，由于西方国家股权分散，总经理［或者称为首席执行官（CEO）、总裁、首席运营官（COO）等］权力对公司行为影响最大，大多研究是以总经理（不包含董事会和监事会成员）作为高管来研究的（Hambrick & Mason，1984；Elron，1997；Krishnan & Park，1998；Murphy，1999；Devers & Cannella，2007；Frydman，2010），同时，西方国家对总经理个人特征的可观察性和数据的充分性，对高管的研究内容也多样化。与国外的研究不同，由于国内上市公司信息披露的规定和要求与国外的差异，国内学者提及的高管范围更为广泛，通过梳理发现主要存在三种高管划分方式：第一种划分方式是将董事会成员、监事会成员以及高级经理层都纳入高管团队的范畴，代表性文献主要有魏刚（2000）、于东智和谷立日（2001）、张俊瑞等（2003）、陈冬华等（2005）、王华和黄之骏（2006）、高雷和宋顺林（2007）以及唐清泉等（2008）等；第二种划分方式是将董事长和总经理归为高管团队成员，代表性文献主要有李增泉（2000）、朱红军（2002）、谌新民和刘善敏（2003）、宋德舜（2004）、杜胜利和翟艳玲（2005）以及吴文锋等（2008）等；第三种划分方式则与国外研究较为接近，将总经理、副总经理、财务总监等高级管理层归为高管范畴,代表性文献有林浚清等(2003)、张必武和石金涛(2005)、刘凤委等(2007)、吕长江和赵宇恒(2008)以及夏纪军和张晏(2008)等。

基于以上的分析和数据可得性,以及本研究的需要,本书在研究过程中,将高管界定为董事会成员、监事会成员以及经理层的高层管理人员,包括董事长、副董事长、董事、经理、副经理、财务负责人、董事会秘书等。原因在于:第一,根据 Hambrick 等(1996)的研究,不仅仅是总经理和董事长个人,其他高管人员对于公司的治理和战略选择等方面也会发挥重要的作用,因而有必要对整个高管团队进行考察;第二,本书主要关注薪酬差距问题,若仅仅将总经理和董事长视为高管人员则难以全面衡量薪酬差距的各种表现形式。

(二) 薪酬与高管薪酬

薪酬是人力资源管理领域研究的一个重要内容,在理论与实践上,薪酬是一个比较宽泛、内容十分丰富的概念,从而导致不同的人对薪酬的理解有很大的差异。

Milkovich 等(1992)从交易或交换角度来说,认为薪酬是指"雇员作为雇佣关系的一方所得到的各种货币收入、服务及福利之和"[1]。薪酬有广义和狭义之分。广义上的薪酬是指员工在企业中获得的全部报酬或奖酬,包括物质和非物质形式,比如工作愉快感、精神方面的嘉奖以及培训和晋升的机会等。狭义的薪酬是指员工为企业所做出的贡献之后得到的物质报酬,有货币和非货币两种形式等。

---

[1] Robert D. Bretz, Jr., George T. Milkovich and Walter Read. The Current State of Performance Appraisal Research and Practice: Concerns, Directions, and Implications [J]. *Journal of Management*, 1992 (18): 321-352.

Milkovich 和 Newman（1999）认为，薪酬是指"雇员由于劳动所得到的各种货币和实物报酬的总和，薪酬包括直接货币形式和非直接货币两种形式，直接货币形式主要有基本工资、绩效工资、短期激励、长期激励等，非直接货币形式主要有如各种保障、带薪假期和服务等"①。

Martocchio（2010）认为，薪酬是"雇员因完成工作过程中而得到的内在和外在的回报，包括内在薪酬和外在薪酬。内在薪酬是指雇员由于完成工作而得到的心理报酬或满足感等心理思维形式，外在报酬包括货币奖励和非货币奖励"②。

彭剑峰（2009）提出总体薪酬的概念，他认为"企业向员工提供的经济性报酬与福利，为员工提供的良好工作环境以及工作本身所带来的愉悦感和满足感等都属于薪酬的范围"③。

我国企业会计准则（2006）规定，职工薪酬是指"企业为获得职工提供的服务而给予的各种形式的报酬以及其他相关支出。包括职工工资、奖金、津贴和补贴、职工福利费、各种社会保险费和住房公积金、工会经费和职工教育经费以及各种非货币性福利和因解除与职工的劳动关系给予的补偿等"④。

可见，薪酬是一个报酬集合，大体上分为两个方面，一方面是那些外在的、能够感知和度量的物质方面的货币性和非货币性薪酬，另一方面是那些内在的、无法或难以度量的心理思维方式等精神层面的薪酬。薪酬具有保障和激励两个基本功能。保障功能，是指薪酬保障员工及其家庭生活

---

① GT Milkovich, JM Newman, Compensation [M]. Business Publications, 1999.
② 马尔托奇奥. 战略薪酬管理 [M]. 杨东涛, 钱峰译. 北京：中国人民大学出版社, 2010.
③ 彭剑锋, 崔海鹏. 高管薪酬最佳实践标杆 [M]. 北京：机械工业出版社, 2009.
④ 财政部会计司编写组. 企业会计准则讲解（2010）[M]. 北京：人民出版社, 2010.

与发展需要以及保障员工不断更新知识、持续改进而支付相关学习和培训费用等方面的功能。激励功能,从心理学的角度,薪酬可以看作是个人与组织之间的一种心理契约,它通过员工对薪酬状况的感知而影响员工的工作态度、行为和绩效,从而产生激励作用。根据马斯洛的需求激励理论,员工高层次薪酬需求的满足程度越高,薪酬的激励作用越大;反之,则缺乏激励,可能产生消极怠工和效率低下等,从而影响组织发展。

高管薪酬是指公司向其高管支付的、作为其服务对价的现金以及非现金形式的各类报酬的总和。高管薪酬也有广义和狭义之分。广义上的高管人员薪酬指企业高管人员获得的货币化与非货币化薪酬的总和。狭义的高管人员薪酬是指企业高管的货币化薪酬。

从理论上而言,高管薪酬的价值包括内在价值和市场价值这两个方面。所谓内在价值,就是与高管对公司业绩所做的贡献相适应的薪酬,这是一种内在的薪酬,是高管的一种心理思维形式,取决于高管对公司业绩的贡献度。理论上,这种贡献度主要与高管的个人能力、努力程度等来自于高管个人的影响因素密切相关。市场价值是指各个公司在聘请高管时表现出来的竞争性价格,也是今后支付给所聘请高管的薪酬,是高管薪酬的外在表现,主要受公司所处的行业性质、所处地域的差异、宏观政策、经济环境等市场因素的影响。

二、高管薪酬差距的界定

根据社会比较理论,人类有了解和评价自己表现、能力、观点的需要,这种评价往往需要通过比较来实现,如果不依赖比较,人们往往无法客观地了解自己。通常选择参照对象时有两类选择:一是选择现实的人作为参照对象;二是选择自己构建性的对象作为参照对象。因此,人们在进行社会比较时，通常包括三种具体形式：与组织内的同事比较、与组织外相同岗位的人比较以及与自己构建的对象比较。作为公司高管，对其从服务和工作的公司获得的报酬或薪酬，也有动机和需求来判断、评价其薪酬状况。

本书以公司核心高管作为研究对象，在本书中，核心高管界定为在上市公司领取薪酬最高的前三名的高级管理人员。因此，根据社会比较理论，公司高管判断其薪酬状况，主要有平行比较、下行比较和构建性比较三个方面。高管薪酬差距则形成三种表现形式：

（一）高管薪酬外在差距

高管薪酬外在差距，是指高管薪酬的平行比较，是以与高管自身地位、职务和所承担的职责相当的人作为参照对象，企业给付高管的薪酬与其参照对象对比形成的薪酬差距。在一个企业里，由于核心高管的数量较少，就本书对高管的界定，在同一个企业里，要找到与核心高管的地位、职务和所承担的职责相当的其他高管或员工往往比较困难，需要在该企业所处的行业里寻找类似的核心高管，方具有可比性。因此，高管薪酬外在差距具体表现为企业核心高管薪酬与同行业企业的核心高管薪酬之间的差距。同时，就企业高管而言，企业高管会考虑其所处区域生活水准、社会环境、政府政策及同行业水平等组织外部因素，来衡量本身的薪酬水平和薪酬差距。

（二）高管薪酬内在差距

高管薪酬内在差距，是指高管薪酬的下行比较，是以比高管自身地位更低、职务次要或所承担的职责更小的其他高管或员工作为参照对象，企业给付高管的薪酬与其参照对象对比形成的薪酬差距。根据本书的研究对象，比核心高管地位更低、职务次要或所承担的职责更小的人，主要有非核心高管和企业的普通员工。同时，考虑到核心高管与企业普通员工之间，他们的工作重心、管理的广度、深度和范围具有较大的差距，因此，本书在考虑高管薪酬内在差距时，主要以企业的非核心高管作为参照对象，从而，高管薪酬内在差距具体表现为企业核心高管薪酬与非核心高管薪酬之间的差距。

（三）高管薪酬个人差距

高管薪酬个人差距，是指高管薪酬的构建性比较，是以高管自身构建的薪酬水平作为参照对象，企业给付高管的薪酬与其构建的薪酬水平之间形成的差距。每一个企业希望能够留住的优秀人才，以获得人才优势。因此，正确评价高管薪酬个人差距，企业内部应建立合理的贡献衡量和考核制度以及薪酬评价制度，以使高管薪酬的决定能够与高管的贡献（特别是业绩）结合。企业高管由于先天禀赋、知识经验、人际关系、发展潜力、受教育程度等方面存在的差异，因此，不同企业高管自身构建的薪酬水平存在差异，同一个企业的高管，在不同的时间，其构建的薪酬水平也会存在波动。根据"真空高管薪酬"思想，高管薪酬受到很多因素的影响，这些因素可划分为共性因素、个性因素和非相关因素，并且，共性因素是高管薪酬的决定性因素，个性因素是高管薪酬的调节因素，非相关因素是可以剔除的。在共性因素中，主要集中在三个方面：行业类别特点、企业规模和企业绩效。因此，本书的高管薪酬个人差距，主要指高管核心高管薪酬与行业类别特点、企业规模和企业绩效决定的薪酬之间的差距。

因此，本书认为，高管薪酬与高管薪酬差距形式的关系如图 3-1 所示。

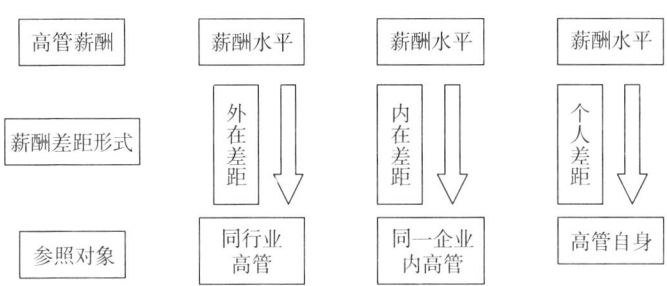

图 3-1 高管薪酬与高管薪酬差距形式的关系

第二节 高管薪酬现状分析

一、高管薪酬制度变迁

在中国的背景下，高管薪酬的结构和水平受薪酬制度影响显著，本小节主要对中华人民共和国成立以来的文献进行梳理，回顾中国的薪酬制度背景情况。从高管薪酬差距的角度来分析，主要可以划分为三个大的阶段。

1. 强调防止薪酬差距扩大的阶段（1949~1978 年）

在这个阶段，主要以毛泽东同志为核心的第一代中央领导集体继承了马克思的按劳分配原则，同时考虑到解放初期的国情，认为收入分配必须兼顾国家、集体和个人三个方面的统一。1950 年 8 月，全国总工会和劳动部颁布了关于企业劳动者报酬发放的第一个法规制度：《工资条例》，条例中规定了企业管理者实行职务等级工资制度,但是其工资调整由劳动部主管,由中央下达关于工资的总指标,各地区和部门再据此进行具体安排。1956年7月,国务院公布了《关于工资改革的决定》,在全国范围内实行中央集中统一的工资制度,全国各地、各行业,无论从事什么种类和性质的工作,也无论工作的质量如何,工资都是由国家统一确定,企业按产业统一规定技术等级工资。对国家机关、事业单位的工作人员以及企业职工,按照职位高低、责任大小、工作繁简及技术复杂程度,实行有差别的职务工资制。在这一时期,由于全国实行统一的国家机关、事业单位和企业的干部工资制度,因此,企业高层管理人员的薪酬安排主要参照国家机关和事业单位的标准来进行设定的。从这个意义上讲,我国在这一阶段实际上并没有根据企业高层管理人员的工作特点而设定不同的薪酬制度。1956年以后至改革开放前的20多年里,我国基本上没有对工资制度进行大的改革和调整。

在这个阶段,毛泽东同志担心按劳分配会导致贫富悬殊,过分强调分配结果的公平,对企业管理人员主要按企业级别给予相应待遇,与普通员工的差距并不显著,实行等级工资制度时全国划分成11个工资区,各类工资区分别确定不同的工资标准,同一级的工资标准在不同地区间最高相差30%,甚至由中央下令限制管理者工资的增长幅度,规定企业主要领导干部工资增长的幅度不得超过13%,以缩减企业管理者与工人之间工资增加幅度的差距。在这种宏观环境中,企业的高管人员由政府任命,其货币薪酬也是按行政级别以工资形式取得,与个人的行为无关,同样也与他的经营业绩无太大的相关性。因此,收入分配体制是实际上一种"平均主义"的分配体制,最终导致"企业吃国家大锅饭,职工吃企业大锅饭,全国平均主义"的现象盛行,"干多干少一个样""干与不干一个样"，极大地挫伤了劳动者的生产积极性，结果是"共同落后，共同贫穷"，没有真正体现公平，也没有效率。

（二）强调适当扩大薪酬差距的阶段（1978～2002年）

在传统的计划经济体制下，企业重要的财产物资、生产经营管理和人事安排等重要制度安排，企业基本不存在高管激励制度，薪酬分配注重防止薪酬差距过大，最终结果是"共同落后，共同贫穷"，没有真正体现公平，也没有效率。因此，薪酬制度改革势在必行。自1978年中国政府开始启动以市场为导向的企业改革以来，强调"按劳分配"原则，强调企业的薪酬设计注重薪酬和企业绩效相关联的特征。出现了以企业承包制、年薪制和股权激励为代表的薪酬制度改革，以体现高管薪酬与企业绩效之间的联系。

从20世纪80年代起，以企业的利润留存为代表的企业承包制对企业高管提高工作积极性起了很大的作用。1986年出台的《国务院关于深化企业改革增强企业活力的若干规定》、1988年出台的《关于改进完善全民所有制企业经营者收入分配办法的意见》和1992年发布的《关于改进完善全民所有制企业经营者收入分配办法的意见》等文件将管理层薪酬与企业经营业绩挂钩，指出"在完成任期目标的前提下，企业经营者收入可以高出职工收入的1～3倍。做出突出贡献的还可以再高一些"。

到20世纪90年代中后期，企业经营者的行政级别制度逐步取消，取而代之的是年薪制的试验和推广。自从1992年建立社会主义市场经济目标确立之后，我国国企开始积极探索针对管理层的激励模式，其中年薪制便是企业试点和推广的重要激励形式。1992年上海英雄金笔厂等三家企业成为年薪制试点，翻开了中国高管薪酬体制改革的一页新篇章。同年，国务院颁发了《企业经营者年薪试行办法》，随后深圳、北京、辽宁、四川等地多家企业开始实行高管年薪制,截至1997年,已有20多个省市的上万家企业开始实行年薪制试点。经过反复试验,年薪制在我国得以普遍推广,国企高管实行年薪制已经成为一种重要的薪酬安排。1998年1月,原劳动部宣布在全国暂停实施年薪制,年薪制的变革暂时性地步入了一个低潮期。

1999年9月,《中共中央关于国有企业改革和发展若干重大问题的决定》的通过再次将年薪制推上了中国上市公司高管薪酬激励改革的舞台,决定中指出:"建立和健全国有企业经营者的激励和约束机制,实行经营管理者收入与企业的经营业绩挂钩。……少数企业试行经理(厂长)年薪制、持有股权等分配方式,可以继续探索,及时总结经验,但不要刮风。要规范经营管理者的报酬,增加透明度。"从那以后,先后出现武汉、深圳、四川、江苏等模式的年薪制。与此同时,有少数企业开始探索股权激励方式。1999年通过的《中共中央国务院关于加强技术创新,发展高科技,实现产业化的决定》、2000年劳动和社会保障部发布的《进一步深化企业内部分配制度改革的指导意见》以及2001年3月国家多部委联合颁发的《关于深化国有企业内部人事、劳动、分配制度改革的意见》等规章制度对股权激励对象、股权来源、激励程度以及激励条件等方面做出了相关的规定。

在市场经济条件下,将高管薪酬与企业绩效相联系,以绩效来决定高管薪酬,反映企业高管对企业投入的精力和热情,以实现其薪酬内在价值,有利于发挥高管人员的才干,体现了高管责任、风险和收益相一致的原则,对于企业、社会和高管个人来说都有利,极大地推动了社会经济发展和提高职工的生活水平,也实现了企业高管的自我价值。同时,在实践过程中也存在诸多问题,比如企业高管与一般员工的薪酬差距过大,引起整个社会的分配不公,以及容易导致经营者短视化行为,诱发了企业高管通过利润操纵增加自身收入等现象。

(三) 强调薪酬差距要效率优先、兼顾公平相结合的阶段(2002年至今)

一味防止薪酬差距的扩大,可能最终导致"平均主义"和"大锅饭",阻碍经济社会发展,而一味强调薪酬差距的激励作用,会提高经济发展的效率,但可能导致薪酬差距过大,社会分配不公以及高管的短视行为。因此,强调薪酬差距的某一方面都有利弊,不符合社会主义本质要求。邓小平明确指出,社会主义的本质是"解放生产力,发展生产力,消灭两极分化,最终达到共同富裕"①。社会主义本质要求薪酬制度做到效率优先、兼顾公平相统一。中共十六大报告指出,"理顺分配关系,事关广大群众的切身利益和积极性的发挥。调整和规范国家、企业和个人的分配关系。确立劳动、资本、技术和管理等生产要素按贡献参与分配的原则,完善按劳分配为主体、多种分配方式并存的分配制度。坚持效率优先、兼顾公平,既要提倡奉献精神,又要落实分配政策,既要反对平均主义,又要防止收入悬殊。初次分配注重效率,发挥市场的作用,鼓励一部分人通过诚实劳动、合法经营先富起来。再分配注重公平,加强政府对收入分配的调节职能,调节差距过大的收入。规范分配秩序,合理调节少数垄断性行业的过高收入,取缔非法收入。以共同富裕为目标,扩大中等收入者比重,提高低收入者收入水平"②。中共十七大报告指出,"合理的收

---

① 邓小平. 邓小平文选(第三卷)[M]. 北京:人民出版社,1993.
② 江泽民:全面建设小康社会,开创中国特色社会主义事业新局面——在中国共产党第十六次全国代表大会上的报告[EB/OL]. http:// news. xinhuanet. com/newscenter/2002 - 11/17/content_ 632268. htm.

第三章 高管薪酬及其差距的衡量与现状分析

入分配制度是社会公平的重要体现,要坚持和完善按劳分配为主体、多种分配方式并存的分配制度,健全劳动、资本、技术、管理等生产要素按贡献参与分配的制度,初次分配和再分配都要处理好效率和公平的关系,再分配更加注重公平。保护合法收入,调节过高收入,取缔非法收入。扩大转移支付,强化税收调节,打破经营垄断,创造机会公平,整顿分配秩序,逐步扭转收入分配差距扩大趋势"[①]。

因此,自 2002 年以来,薪酬制度改革兼顾薪酬的效率优先、兼顾公平的统一,既发挥效率优先的作用,激励企业高管充分发挥聪明才智,提高企业经济效益和价值,又缩小薪酬分配差距,兼顾薪酬公平的作用,激励企业广大员工的积极性和能动性,为企业发展和壮大提供群众基础。

一方面,2003 年国资委颁布了《中央企业负责人经营业绩考核暂行办法》,对中央企业负责人进行了年度和任期经营业绩考核,突出了对企业关键绩效指标的考核,并将业绩考核与收入分配挂钩,基本业绩指标包括利润总额和净资产收益率。2004 年 6 月,为规范中央企业负责人薪酬管理,国资委制定了《中央企业负责人薪酬管理暂行办法》。该办法明确了负责人的薪酬必须与业绩考核结果挂钩,同时规定了中央企业负责人的薪酬由基薪、绩效薪金和中长期激励单元构成。基薪是企业负责人年度的基本收入,主要根据企业经营规模、经营管理难度、所承担的战略责任和所在地区企业平均工资、所在行业平均工资、本企业平均工资等因素综合确定,基薪按月发放。绩效薪金与经营业绩考核结果挂钩,以基薪为基数,根据企业负责人的年度经营业绩考核级别及考核分数确定,考核结果

---

① 胡锦涛:高举中国特色社会主义伟大旗帜,为夺取全面建设小康社会新胜利而奋斗——在中国共产党第十七次全国代表大会上的报告[EB/OL]. http://news.xinhuanet.com/news-center/2007-10/24/content_ 6938568.htm.

出来后，兑现绩效薪金的60%，其余40%的绩效薪金延期到离任或连任的第二年兑现。随后在2006年和2009年对该办法进行了修订，继续明确和强化明确了负责人的薪酬必须与业绩考核结果挂钩的思想，将基本业绩指标改为利润总额和经济增加值等。同时，对企业高管的薪酬激励的形式进行了扩展，除了给予现金薪酬之外，对于符合条件的企业高管给予股权激励，进一步强化高管薪酬的内在公平性。2005年，国务院多部门联合颁发了《关于上市公司股权分置改革的指导意见》，规定完成股权分置改革的上市公司"可以实施管理层股权激励"。2006年开始实施的《上市公司股权激励管理办法（试行）》《国有控股上市公司（境外）实施股权激励试行办法》和《国有控股上市公司（境内）实施股权激励试行办法》等，标志着我国上市公司股权激励的政策体系已经建立，为激励企业高管又提供了新的选择。

另一方面，相关的规章制度对激励幅度和极值进行了规范，以防止薪酬的两极分化。薪酬是否过高以及是否应受到管制的主要判断标准以当地的平均工资或所在企业的职工平均工资为标准。2003年国资委颁布的《中央企业负责人经营业绩考核暂行办法》年度经营业绩考核计分试行办法规定，年度利润总额指标的基本分为30分，企业负责人完成目标值时，得基本分30分；超过目标值时，每超过3%，加1分，最多加6分；低于目标值时，每低于3%，扣1分，最多扣6分。净资产收益率指标的基本分为40分。企业负责人完成目标值时，得基本分40分；高于目标值时，每高于0.5个百分点，加1分，最多加8分；低于目标值时，每低于0.5个百分点，扣1分，最多扣8分。2006年开始实施的《上市公司股权激励管理办法（试行）》明确规定，上市公司全部有效的股权激励计划所涉及的标的股票总数累计不得超过公司股本总额的10%，并对股票期权和

第三章 高管薪酬及其差距的衡量与现状分析

限制性股票的行权价格和限售期等方面进行了限定。2008年7月，中纪委发布的《国有企业领导人员违反廉洁自律"七项要求"适用〈中国共产党纪律处分条例〉若干问题的解释》第七条明确规定，"不准违规自定薪酬、兼职取酬、滥发补贴和奖金"，情节严重的将被开除党籍。2009年，财政部下发的《金融类国有及国有控股企业负责人薪酬管理办法（征求意见稿）》的"限薪令"规定，国有金融企业负责人最高年薪为280万元，金融企业负责人绩效年薪与金融企业绩效评价结果挂钩，以基本年薪为基数，其绩效年薪一般控制在基本年薪的3倍以内，金融企业负责人的最高基本年薪不得超过年度定额工资的5倍，金融企业负责人基本年薪与绩效年薪之和的增长幅度一般不超过本企业在岗职工平均工资的增长幅度。

二、高管薪酬现状分析

2005年，根据中国证监会发布的《公开发行证券的公司信息披露内容与格式准则第2号〈年度报告的内容与格式〉（2005年修订）》规范要求，上市公司需披露每一位现任董事、监事和高级管理人员在报告期内从公司获得的报酬总额（包括基本工资、各项奖金、福利、补贴、住房津贴及其他津贴等），全体董事、监事和高级管理人员的报酬合计，于是为本书研究上市公司高管薪酬问题提供了数据基础。从表3-1可以发现，中国上市公司向其高管发放货币薪酬外，有平均超过60%的上市公司还以股票形式发放薪酬，以激励企业高管。但股票薪酬激励的比重都比较低，在2005~2011年，高管持有的股票数占上市公司股票总数的比例的中位数为0.01%，平均值为1.25%，最多为2011年的2.26%，最少为2009年的0.98%，并且在2005~2011年，只有1%的上市公司的高管持股分别超过49.33%、44.66%、36.92%、36.92%、36.79%、36.61%和46.97%，平均值不超过40%。因此，中国上市公司高管薪酬激励制度在经历一系列变革之后，现已基本形成以货币薪酬激励为主、股权激励为辅的格局。本书研究的高管薪酬，指的是上市公司高管所获得的货币薪酬。

表3-1 中国上司公司高管持股状况统计表① 单位:%

年度	高管持股的公司比例	高管持股比例						
		平均值	最小值	中位数	90百分位	95百分位	99百分位	最大值
2005	65.21	1.15	0.0000	0.01	0.15	0.38	49.33	70.26
2006	63.94	1.06	0.0000	0.01	0.17	1.00	44.66	58.13
2007	61.46	1.02	0.0000	0.01	0.23	2.17	36.92	54.06
2008	61.88	1.05	0.0000	0.01	0.28	2.68	36.92	54.08
2009	59.00	0.98	0.0000	0.01	0.35	2.11	36.79	48.30
2010	57.77	1.19	0.0000	0.01	0.65	3.83	36.61	50.52
2011	58.87	2.26	0.0000	0.01	1.80	14.28	46.97	69.29
合计	61.16	1.25	0.0000	0.01	0.30	2.94	39.18	70.26

根据企业高管在企业的地位和作用，本书将上市公司高管分成全体高管、核心高管和一般高管三个层面，对高管薪酬进行分析。全体高管包括董事会成员、监事会成员以及经理层的高层管理人员，包括董事长、副董事长、董事、经理、副经理、财务负责人、董事会秘书等。核心高管为在上市公司领取薪酬最高的前三名的高级管理人员，非核心高管是指领薪管理层中除去薪酬最高的前三名高级管理人员之外的其他管理层人员。因此，本书研究的高管薪酬划分为全体高管薪酬、核心高管薪酬和一般高管薪酬。

---

① 本书图表数据均来自上市公司年度报告、国泰安数据库和锐思数据库整理而成。

第三章　高管薪酬及其差距的衡量与现状分析

利用上市公司的年度报告，对中国上市公司2005～2011年的高管薪酬进行统计分析可以发现：

从高管薪酬总额来看，中国上市公司高管薪酬水平持续提高。通过图3-2、表3-2～表3-4可以看出，除了2008年与2007年的差距不显著外，其他年度里全体高管薪酬都显著高于上一年，全体高管薪酬从2005年的165.1万元增长到2011年的接近500万元，七年间增加3倍左右。核心高管薪酬和一般高管薪酬也有类似的特点，核心高管薪酬除了2009年、2008年和2007年的差距不显著外，其他年度里都显著高于上一年，核心高管薪酬从2005年的71.4万元增长到2011年的199.3万元，七年间增加近3倍，低于全体高管薪酬的增长幅度；一般高管薪酬除了2008年与2007年的差距不显著外，其他年度里也都显著高于上一年，一般高管薪酬从2005年的91.2万元增加到2011年的300.7万元，增幅超过3倍，高于核心高管薪酬的增长幅度。

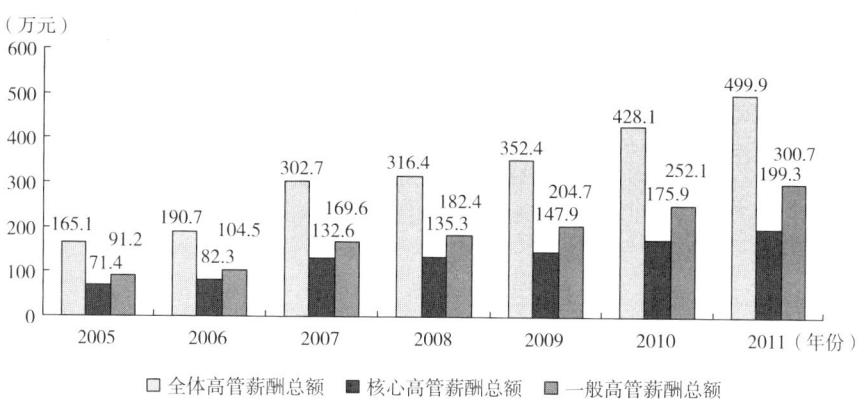

图3-2　2005～2011年中国上市公司高管薪酬总额对比

同时，虽然上市公司高管薪酬水平持续提高，但是在2005～2011年的七年里，各年的增长速度有较大差异，从图3-3中可以看出，不论是全体高管还是核心高管和一般高管，其薪酬的增长速度，各年基本同步，一般高管薪酬增长幅度稍高于核心高管薪酬增长幅度，同时，2007年的高管薪酬增长幅度明显高于其他年份，不论是全体高管还是核心高管和一般高管，2007年的高管薪酬比2006年的高管薪酬提高了60%左右，而2008年高管薪酬增长率只有5%左右。

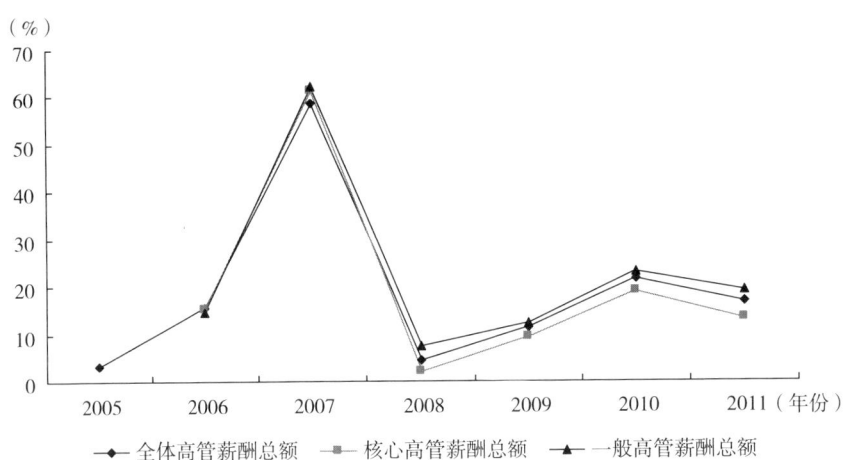

图3-3　2005～2011年中国上市公司高管薪酬涨幅变化

表3-2　2005～2011年中国上市公司各年全体高管
薪酬统计描述及差异对比　　　　　单位：万元

年度	公司数	平均值	标准差	最小值	中位数	最大值	平均值差异	t统计量
2005	1298	165.11	188.63	0	114.98	2190.00	—	—
2006	1296	190.74	231.47	0	129.68	3060.00	25.63	3.0910***
2007	1325	302.74	882.11	0	168.00	27100.00	112.00	4.4670***

续表

年度	公司数	平均值	标准差	最小值	中位数	最大值	平均值差异	t统计量
2008	1324	316.44	506.49	0	192.85	8220.00	13.71	0.4904
2009	1333	352.35	532.55	0	222.10	8920.00	35.91	1.7811*
2010	1363	428.06	599.66	0	271.30	7160.00	75.71	3.4679***
2011	1392	499.93	691.79	8.80	319.24	12000.00	71.87	2.9155***
合计	9331	324.79	579.55	0	192.38	27100.00	K-W检验χ^2值	1213.635***

表3-3 2005~2011年中国上市公司各年核心高管薪酬统计描述及差异对比　　　　单位：万元

年度	公司数	平均值	标准差	最小值	中位数	最大值	平均值差异	t统计量
2005	1285	71.45	72.60	0	54.00	968.61	—	—
2006	1273	82.27	97.49	0	61.02	1510.00	10.82	3.1812***
2007	1318	132.60	435.30	0	78.00	14200.00	50.33	4.0929***
2008	1324	135.32	209.68	0	88.80	3330.00	2.72	0.2044
2009	1332	147.88	216.46	0	101.67	4930.00	12.56	1.52
2010	1362	175.91	213.83	0	120.00	2660.00	28.04	3.3813***
2011	1392	199.27	227.91	7.58	139.80	2530.00	23.36	2.7744***
合计	9286	136.16	241.20	0	88.31	14200.00	K-W检验χ^2值	1362.151***

表3-4 2005~2011年中国上市公司各年一般高管薪酬统计描述及差异对比　　　　单位：万元

年度	公司数	平均值	标准差	最小值	中位数	最大值	平均值差异	t统计量
2005	1285	91.21	113.23	0	60.00	1390.00	—	—
2006	1273	104.53	139.35	0	65.88	1610.00	13.32	2.6522***
2007	1318	169.58	464.90	0	86.62	12900.00	65.04	4.8584***
2008	1322	182.41	318.81	0	97.72	5320.00	12.84	0.8272
2009	1332	204.68	341.75	0	116.50	4760.00	22.26	1.7354*
2010	1362	252.10	405.67	0	140.63	4860.00	47.42	3.2841***

续表

年度	公司数	平均值	标准差	最小值	中位数	最大值	平均值差异	t统计量
2011	1392	300.66	520.71	0	170.67	11800.00	48.56	2.7334***
合计	9284	188.43	368.66	0.00	98.48	12900.00	K-W检验χ^2值	916.078***

从图3-4中可以看出，中国上市公司高管薪酬在行业①之间也存在较大的差异，特别是金融行业，无论是核心高管还是一般高管，其平均薪酬都显著高于其他行业。除了金融行业以外的其他行业，高管平均薪酬也存在显著差异（经测算：K-W检验χ^2值分别为518.512和408.793，在1%的显著性水平上显著）。

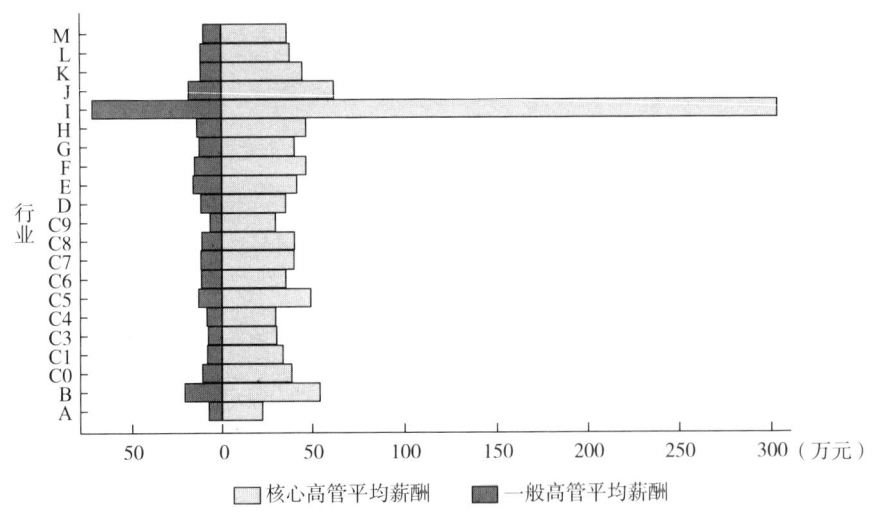

图3-4　2005~2011年中国上市公司各行业高管薪酬对比

---

① 以中国证监会2001年发布的《上市公司行业分类指引》的行业门类为准，并将制造业细分成九小类。

第三节 高管薪酬差距的衡量与现状分析

一、高管薪酬外在差距

薪酬差距,是在组织中不同层级员工之间的薪酬差异。在国外,薪酬差距主要采用基尼系数(Bloom,1999)、HHI 指标(Depken,2000)和水平薪酬差异(Horizontal Wage Dispersion,HWD)等度量。在国内的研究中,高管薪酬差距主要有两种表示方式:一是绝对薪酬差距,即不同层级的员工薪酬或薪酬平均值的绝对差;二是相对薪酬差距,即不同层级的员工薪酬或薪酬平均值的比值。林浚清、黄祖辉、孙永祥(2003),陈震、张鸣(2006),张正堂(2007),卢锐(2007),鲁海帆(2007),陈丁、张顺(2010),胥佚萱(2010),朱永虹(2010)等基本上都同时采用绝对薪酬差距和相对薪酬差距进行研究,以保证研究结论的稳健性,大部分是用核心高管(或 CEO)与一般高管薪酬(非核心高管)的差额来反映高管团队内部薪酬差距。其中,核心高管薪酬是薪酬前三名的高管薪酬,一般高管人员薪酬是用全部高管薪酬减去薪酬前三名的高管薪酬。一般在进行统计回归时,会对绝对薪酬差距进行对数化处理。

(一)高管薪酬外在差距的衡量

如前所述,高管薪酬外在差距,是指高管薪酬的平行比较,是以与高管自身地位、职务和所承担的职责相当的人作为参照对象,企业给付高管的薪酬与其参照对象对比形成的薪酬差距。

为了研究的统一，本书采用第二种薪酬差距的表示方式，即采用相对薪酬差距来衡量高管薪酬外在差距，计算公式如下。

$$\text{exgap}_{it} = \frac{本公司核心高管薪酬}{同年度同行业核心高管薪酬平均值} \qquad 式（3-1）$$

其中，核心高管薪酬为薪酬前三名的高级管理人员的薪酬总额，同行业核心高管薪酬平均值中的行业，是以中国证监会 2001 年发布的《上市公司行业分类指引》的行业门类为准。由于中国上市公司主要以制造业为主，因此将制造业细分为九个小类，把中国证监会划分的木材、家具类（C2）作为其他制造业类（C9）。

（二）高管薪酬外在差距的现状分析

利用上市公司披露的年度报告，结合式（3-1），根据表 3-5 可以发现，中国上市公司高管薪酬外在差距均值为 1，中位数为 0.768，总体是右偏的，从高管薪酬外在差距的变化程度来看，各年的变化程度较小，标准差最小值为 2005 年和 2006 年的 0.899，最大值为 2007 年的 1.064，但是高管薪酬外在差距极值变化较大，其中 2007 年的高管薪酬外在差距偏离最大，最小值为 0，而最大值为 13.389。从图 3-5 中可以发现，各行业的高管薪酬外在差距也有较大的偏差，标准差最大的是纺织服装皮毛业（C1）的 1.47，标准差最小值是水煤电的生产和供应业（D）的 0.543。

表 3-5　2005~2011 年中国上市公司各年高管薪酬外在差距统计描述

年度	公司数	均值	标准差	最小值	中位数	最大值
2005	1285	1	0.899	0	0.787	10.247
2006	1273	1	0.899	0	0.784	12.477
2007	1318	1	1.064	0	0.737	13.389

续表

年度	公司数	均值	标准差	最小值	中位数	最大值
2008	1324	1	1.006	0	0.753	12.270
2009	1332	1	0.922	0	0.760	10.105
2010	1362	1	0.955	0	0.767	9.821
2011	1392	1	0.945	0.038	0.785	10.025
合计	9286	1	0.957	0	0.768	13.389

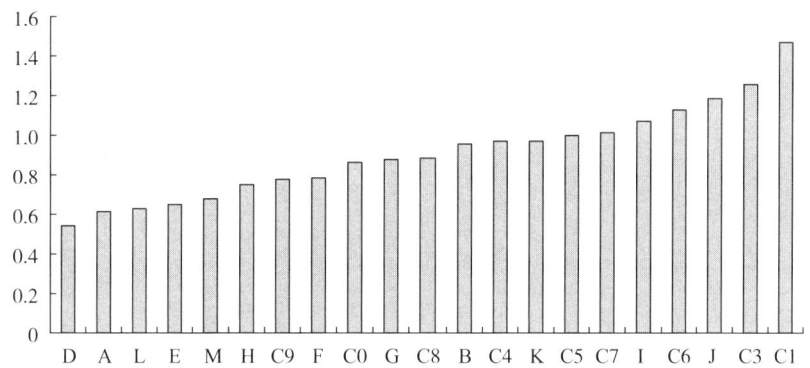

图3-5　2005~2011年中国上市公司各行业高管薪酬外在差距标准差比较

二、高管薪酬内在差距

如前所述，高管薪酬内在差距，是指高管薪酬的下行比较，是以比高管自身地位更低、职务次要或所承担的职责更小的其他高管或员工作为参照对象，企业给付高管的薪酬与其参照对象对比形成的薪酬差距。

同样地，为了研究的统一，本书将采用第二种薪酬差距的表示方式，即采用相对薪酬差距来衡量高管薪酬内在差距，计算公式如下。

$$\mathrm{ingap}_{it} = \frac{核心高管平均薪酬}{一般高管平均薪酬} \qquad 式（3-2）$$

式中，核心高管平均薪酬为薪酬前三名的高级管理人员的薪酬总额除以 3，一般高管平均薪酬为高管薪酬总额减去核心高管薪酬的差与领取薪酬的高管人数减去核心高管人数的差的比值。

利用式（3-2）结合表 3-6 和图 3-6，可以发现，中国上市公司高管内在差距，总体呈现波澜状上升的趋势。高管薪酬内在差距总体上存在显著差异，K-W 检验 χ^2 值在 1% 的显著性水平上高度显著。高管薪酬内在差距从 2005 年的 3.917 倍上升到 2008 年的 4.116 倍，两年分别上升了 2.37% 和 2.65%，但是这一差距在统计上并不显著，并且这一上升趋势在 2008 年停止，高管薪酬内在差距由 2007 年的 4.116 倍下降到 2008 年的 3.925 倍，下降了 4.64%，2008 年与 2007 年的高管薪酬内在差距在 10% 的显著性水平上存在显著下降。在随后的 2009～2011 年，高管薪酬内在差距又不断上升，重新达到 2007 年的水平，但各年之间的差距统计上也不显著。2005～2011 年高管薪酬内在差距平均为 4.199 倍，说明上市公司核心高管平均薪酬是一般高管平均薪酬的 4 倍，存在一定的差距。

表 3-6 2005～2011 年中国上市公司各年高管薪酬内在差距统计描述及差异对比

年度	公司数	平均值	标准差	最小值	中位数	最大值	平均值差异	t 统计量
2005	1251	3.917	3.513	0.000	3.125	67.381	—	—
2006	1239	4.010	3.709	0.524	3.244	93.000	0.093	0.6408
2007	1265	4.116	2.936	0.615	3.369	47.500	0.106	0.7924
2008	1260	3.925	2.685	0.680	3.262	45.417	-0.191	1.7043*
2009	1301	4.023	3.092	0.478	3.226	36.977	0.098	0.8572
2010	1334	4.152	4.200	1.000	3.204	96.133	0.129	0.8974
2011	1374	4.070	7.172	0.176	3.155	244.618	-0.082	0.363
合计	9024	4.032	4.199	0.000	3.225	244.618	K-W 检验 χ^2 值	25.810***

第三章 高管薪酬及其差距的衡量与现状分析

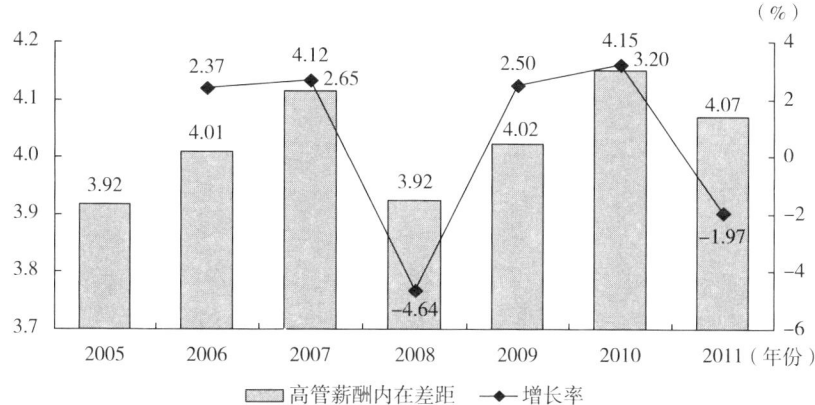

图 3-6　2005~2011 年上市公司高管薪酬内在差距与涨幅对比

从图 3-7 可以发现，除了综合类（M）、房地产业（J）和其他制造业（C9）三个行业的高管薪酬内在差距分别是 4.955 倍、4.987 倍和 6.259 倍，明显高于其他行业的高管薪酬内在差距，以及建筑业（E）3.128 倍和采掘业（B）的 3.244 倍稍低于其他行业外，其他各行业的高管薪酬内在差距不大，都在 4 倍左右。因此，各行业的高管薪酬内在差距差异性较小。

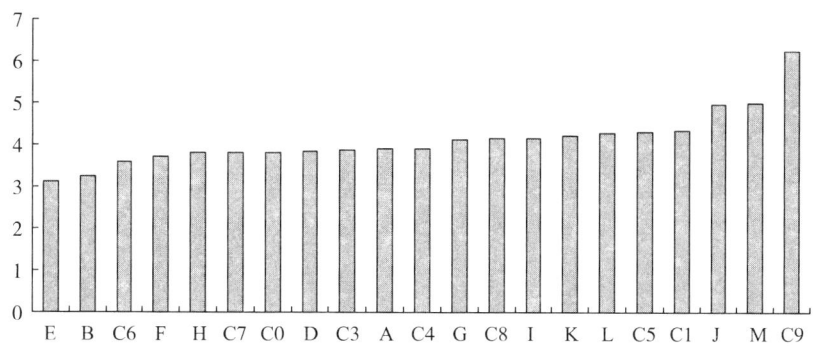

图 3-7　2005~2011 年中国上市公司各行业高管薪酬内在
差距标准差比较

三、高管薪酬个人差距

(一) 高管薪酬个人差距的衡量指标

如前所述,高管薪酬个人差距,是指高管薪酬的构建性比较,是以高管自身构建的薪酬水平作为参照对象,企业给付高管的薪酬与其构建的薪酬水平之间形成的差距。由于企业高管在先天禀赋、知识经验、人际关系、发展潜力、受教育程度等方面存在的差异,因此,不同企业高管自身构建的薪酬水平存在差异,同一个企业的高管,在不同的时间,其构建的薪酬水平也会存在波动。如何界定高管自身的薪酬水平呢?根据高管薪酬的内在价值含义,本书借用"真空高管薪酬模型"①,通过对高管薪酬与高管为企业实现的业绩进行回归分析,来衡量高管自身构建的薪酬水平,从而来确定高管薪酬个人差距。

"真空高管薪酬模型"认为,企业所属行业特点、国家宏观发展水平、相关政策与法律法规、高管人才市场状况、企业绩效、企业规模、公司治理结构、高管个人特质等因素都会对高管薪酬水平产生一定程度的影响。这些因素可划分为共性因素、个性因素和非相关因素,并且认为,共性因素是高管薪酬的决定性因素,个性因素是高管薪酬的调节因素,非相关因素是可以剔除的。在共性因素中,主要集中在三个方面:行业类别特点、企业规模和企业绩效。"真空高管薪酬模型"认为,由共性因素决定的高管薪酬即为"真空高管薪酬",具体地说,"真空高管薪酬"是指企业高管薪酬实际获得的薪酬总额在剔除了国家宏观经济发展水平、相关政策与法律法规、高管人才市场状况、公司治理结构等内外部因素,以及高

---

① 彭剑锋,崔海鹏. 高管薪酬 [M]. 北京:机械工业出版社,2009.

管个人特质等因素的影响作用之后,得到的仅受企业绩效、行业类别特点以及企业规模影响的薪酬水平。"真空高管薪酬模型"是根据行业类别特点、企业规模和企业绩效对企业高管价值的合理评价模型,它适合于任何一个国家和任何一个企业。

因此,本书的高管薪酬个人差距衡量指标按以下步骤确定:

首先,运用"真空高管薪酬模型"建立回归模型,即:

$$pay_{it} = \alpha_0 + \alpha_1 perf_{it} + \alpha_2 size_{it} + \alpha_3 ind_{it} + \alpha_4 year_{it} + \varepsilon_{it} \qquad 模型(3-1)$$

式中,pay_{it}为高管薪酬;$perf_{it}$为企业绩效;$size_{it}$为企业规模;ind_{it}为企业所处的行业;$year_{it}$为公司所处的年度。

其次,运用模型(3-1),可以确定回归系数$\hat{\alpha_1}$,运用权小锋、吴世农和文芳(2010)的做法,即运用高管薪酬与企业实现的业绩和管理者权力等解释变量进行回归分析,并采用企业业绩和管理者权力的拟合值来估计激励薪酬、权力薪酬和操控薪酬。因此,类似地,本文将$\hat{\alpha_1} perf_{it}$界定为企业高管因为对企业做出的贡献而获得的绩效薪酬。

最后,根据模型(3-1)的回归结果,以及$perf_{it}$的预测值$\hat{\alpha_1} perf_{it}$,从而构建衡量高管薪酬个人差距的指标:

$$pergap_{it} = \frac{pay_{it}}{\hat{\alpha_1} perf_{it}} \qquad 式(3-3)$$

从式(3-3)可以看出,高管薪酬个人差距表现为高管获得薪酬总额是绩效薪酬倍数,该指标越大,高管薪酬个人差距越大,则说明企业高管所获得的薪酬超过其绩效薪酬越大。从另一个角度来说,高管薪酬个人差距越大,说明高管薪酬获得的非绩效薪酬部分越高。

(二)中国上市公司高管薪酬个人差距的现状

本书运用模型(3-1)和式(3-3)确定高管薪酬个人差距的高低,

对中国上市公司高管薪酬个人差距的现状进行分析。

本书中所选取的数据全部来源于国泰安数据库（CSMAR）和锐思数据库（RESSET）和上市公司年度报告，选取的样本公司为2005～2011年在上海和深圳证券交易所发行A股的上市公司，由于金融类公司的行业特点和执行的企业会计准则与其他行业有较大的差异，并且如图3-4所示，金融类公司高管薪酬与其他行业高管薪酬也有较大差异，在本书的回归分析中，将金融类公司给予剔除，同时也剔除那些数据不全或数据无法获取的公司。本书的数据处理采用STATA 11.0软件。

在模型（3-1）中，要确定上市公司高管的绩效薪酬，公司绩效很关键，目前有关研究薪酬与绩效的关系的文献中，在国内，杜胜利和翟艳玲（2005），赖普清（2007），张正堂（2007），唐清泉（2008），吕长江和赵宇恒（2008），吴联生、林景艺和王亚平（2010）都采用资产收益率（ROA）作为企业绩效的代理变量；李增泉（2000），魏刚（2000），于智东和谷立日（2001），林浚清（2003），谌新民和刘善敏（2003），辛清泉和谭伟强（2009），雷光勇、李帆和金鑫（2010），卢锐（2011）等采用净资产收益率（ROE）作为企业绩效来进行相关研究；权小锋、吴世农和文芳（2010），刘春和孙亮（2010），杜兴强和王丽华（2007）在研究企业绩效时，同时采用资产收益率（ROA）和净资产收益率（ROE）来作为绩效的代理变量；刘斌、刘星等（2003），陈冬华、陈信元和万华林（2005），赖普清（2007），吕长江和赵宇恒（2008），雷光勇、李帆和金鑫（2010）则采用营业收入作为研究的代理变量；刘斌、刘星等（2003）和方军雄（2009）利用利润总额或净利润等指标来研究企业绩效。还有些学者用市场价值指标来作为企业绩效的代理变量，比如，林浚清（2003），赖普清（2007），姜付秀和黄继承（2011），雷光勇、李帆和金鑫（2010），刘春和孙亮（2010），杜兴强和王丽华（2007）等采用 Tobin'Q 值来反映企业绩效；权小锋、吴世农和文芳（2010），胡阳（2006），辛清泉和谭伟强（2009）等采用股票收益率来反映企业绩效；张俊瑞（2003）和张正堂（2007）用每股收益（EPS）研究企业绩效。

为了研究的统一和便利，本书采用上市公司核心高管薪酬的自然对数（lnt3pay）作为 pay_{it} 代理变量，用上市公司营业收入的自然对数（lnsale）作为 $perf_{it}$ 的代理变量，用上市公司的总资产的自然对数（lnasset）作为公司规模的代理变量，并且设置 20 个行业的虚拟变量（indd）和 6 个年度虚拟变量（yd）。因此，模型（3-1）的回归结果如表 3-7 所示。

表 3-7 模型（3-1）的回归结果

变量	方程（1）	方程（2）	方程（3）	方程（4）	方程（5）	方程（6）
lnsale	0.173*** (17.176)	—	—	—	—	—
ROA	—	1.810*** (18.222)	—	—	—	—
ROE	—	—	0.631*** (15.318)	—	—	—
EPS	—	—	—	0.405*** (23.006)	—	—
Tobin'Q	—	—	—	—	0.046*** (7.196)	—
Ret	—	—	—	—	—	0.019* (1.667)
lnasset	0.129*** (10.349)	0.302*** (50.307)	0.300*** (47.196)	0.277*** (45.125)	0.354*** (53.239)	0.322*** (52.463)

续表

变量	方程（1）	方程（2）	方程（3）	方程（4）	方程（5）	方程（6）
_cons	7.257*** (49.288)	6.741*** (45.882)	7.096*** (48.609)	7.381*** (52.838)	5.755*** (37.330)	6.492*** (42.754)
indd	yes	yes	yes	yes	yes	yes
yd	yes	yes	yes	yes	yes	yes
N	9060	9096	8731	9097	9052	8863
r2	0.418	0.429	0.409	0.439	0.404	0.394
r2_a	0.416	0.427	0.408	0.437	0.403	0.392
F值	247.318***	250.252***	224.545***	275.712***	245.848***	224.527***

注：本书所有表格中 *、**、*** 分别代表显著性水平为10%、5%和1%；系数下方括号中的数字是经过稳健性估计后的系数 t 值；回归方程对连续变量都经过1%的 winsorize 处理，以防极端值的影响。

从表3-7可以看出，lnsale 的系数都在1%的显著性水平上显著为正，说明企业高管对企业所做的贡献，企业都通过薪酬的方式给予了肯定和认可，企业业绩越高，高管获得的报酬就越大。用 ROA、ROE、EPS、Tobin'Q 和 Ret（股票收益率）等业绩指标进行稳健性检验，也可以得到类似的结论。

运用式（3-3）可得到2005~2011年中国上市公司高管薪酬个人差距状况，其统计描述如表3-8所示，各年的高管薪酬个人差距趋势如图3-8所示。

表3-8 2005~2011年中国上市公司高管
薪酬个人差距统计描述与差异对比

年度	公司数	平均值	标准差	最小值	中位数	最大值	平均值差异	t统计量
2005	1272	3.705	0.257	2.873	3.696	4.808	—	—
2006	1253	3.719	0.255	2.894	3.704	4.888	0.0133	1.3008

续表

年度	公司数	平均值	标准差	最小值	中位数	最大值	平均值差异	t统计量
2007	1287	3.752	0.266	2.841	3.738	4.897	0.0333	3.2214***
2008	1291	3.771	0.279	2.801	3.754	5.118	0.0195	1.815*
2009	1294	3.794	0.278	2.854	3.783	5.146	0.0226	2.0644**
2010	1317	3.800	0.282	2.702	3.780	5.118	0.0055	0.4994
2011	1346	3.805	0.284	2.681	3.789	5.450	0.0052	0.4696
合计	9060	3.764	0.275	2.681	3.748	5.450	K-W检验χ^2值	168.567***

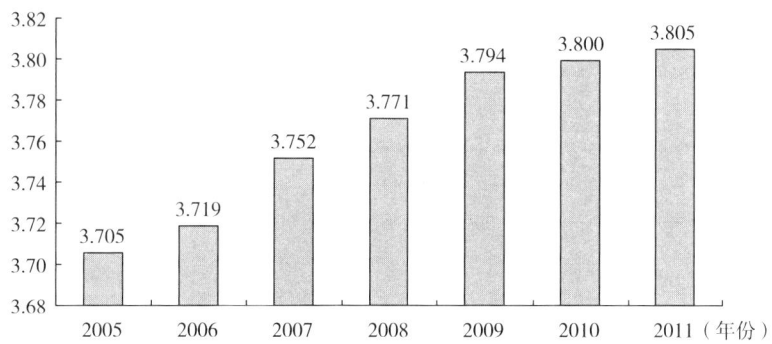

图3-8 2005~2011年上市公司高管薪酬个人差距变动趋势

从表3-8中可以看出,中国上市公司高管薪酬个人差距平均值为3.764倍,标准差较小,总体偏差较小。说明中国上市公司高管从上市公司获得薪酬与其绩效薪酬存在一定的差距,高管获得较多的非绩效薪酬。经检验,高管薪酬个人差距的K-W检验χ^2值为168.567,在1%的显著性水平上显著,说明高管薪酬个人差距各年存在显著差异。从图3-8中可以分析,高管薪酬个人差距在2005~2011年呈现逐年上升趋势,2006~2009年,各年与上一年度,高管薪酬个人差距显著差异,而其他年度与其上一年度的差异,虽然呈现上升趋势,但这种上升趋势在统计上并不显著。另外,从表3-7还可以看出,方程(1)~方程(6)的γ^2分别为0.418、0.429、0.409、0.439、0.404和0.394,不到50%,说明中国上市公司高管对企业所做的贡献在薪酬和报酬中没有完全得到体现,高管薪酬中还包括大量的高管对企业的非绩效因素。

从图3-9中可以发现,中国上市公司各行业的高管薪酬个人差距具有显著差异,经检验,各行业高管薪酬个人差距的K-W检验χ^2值为1390.902,在1%的显著性水平上显著,高管薪酬个人差距最大的是房地产业的3.97,最小的是采掘业的3.58。

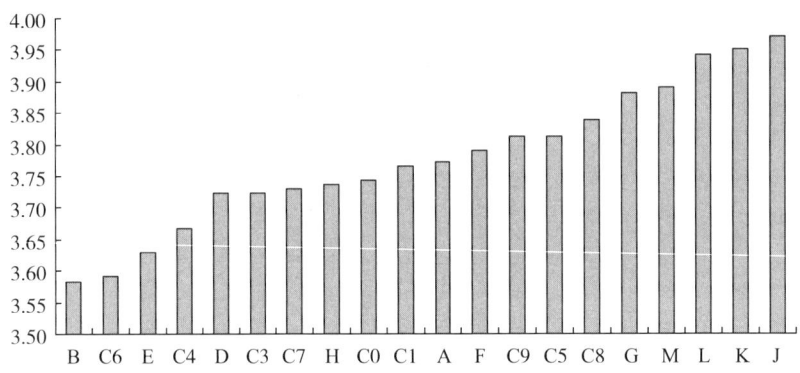

图3-9　2005~2011年各行业上市公司高管薪酬个人差距对比

本章小结

本章首先对高管和高管薪酬进行了界定,然后根据社会比较理论,提出高管薪酬差距具有外在差距、内在差距和个人差距三种表现形式。

在此基础上，本章对中国高管薪酬制度变迁进行了梳理，认为中国高管薪酬制度经历了强调防止薪酬差距扩大、强调适当扩大薪酬差距和强调薪酬差距要效率优先、兼顾公平相结合的三个阶段。并根据中国上市公司高管薪酬资料，对中国上市公司的高管薪酬现状进行了分析，认为中国上市公司高管薪酬目前还是以货币薪酬为主要的激励模式，高管薪酬，无论是全体高管薪酬，还是核心高管薪酬和一般高管薪酬，从 2005 年以来，持续增长，但各年的增长幅度波动较大，并且各行业的高管薪酬差异较大。

本章的重点在于，根据相关薪酬理论和社会比较理论，借鉴和设计高管薪酬外在差距、内在差距和个人差距的衡量指标，并运用高管薪酬外在差距、内在差距和个人差距的衡量指标，对中国上市公司的高管薪酬差距现状进行了分析，认为高管薪酬外在差距各行业各年度的变化程度有较大差异；而高管薪酬内在差距呈现波澜状上升趋势，除了少数几个行业，各行业的高管薪酬内在差距的变化程度差异并不大；高管薪酬个人差距逐年呈现上升趋势，各行业之间存在较大差异，公司高管获得的薪酬中存在大量的非绩效性薪酬。

第四章 高管薪酬差距的影响因素分析

第一节 理论分析与研究假设

影响高管薪酬差距的因素是多方面的,本章主要从公司内外环境和机制来分析,并提出本章的研究假设。

一、公司内部因素

本小节从公司管理者权力、公司治理结构和公司基本特征等方面对影响高管薪酬差距进行理论分析,并提出研究假设。

(一) 管理者权力

管理者权力最先是从"内部人控制"问题衍生出来的思考,卢锐(2008)认为,管理者权力是指公司高管对公司治理体系,包括对决策权、监督权以及执行权等方面的影响能力。管理者权力主要来源于高管的经验、声望、权力结构和所有权等方面,Main(1993),Main、Reily 和

Wade（1995）以及 Core（1999）等认为，CEO 往往会操纵薪酬委员会，使得建立起有利于自己的各种薪酬条款，管理者权力会对管理层薪酬契约造成影响，使薪酬契约偏离最优状态，Grinstein 和 Hribar（2004），Berrone 和 Otten（2008）等发现管理者权力对其薪酬水平都具有显著影响，并且认为管理者权力对薪酬的影响具有普遍适应性的结论。Fahlenbrach（2009）运用多种代理变量来衡量管理者权力，比如董事长和总经理的两职兼任、高管任期、董事会规模等，也发现管理者权力能够显著提高薪酬总额。中国在进行市场化经济改革过程中，国有企业出现的多重代理管理，张春霖（1995），青木昌彦和钱颖一（1995），费方域（1996），杨瑞龙、周业安（1998）等发现，中国实际上已形成了严重的"内部人控制"问题。公司高管拥有越来越大的权力，从而为公司高管获得越来越高的薪酬提供了条件。卢锐（2007，2008）实证分析发现，权力型高管具有更高货币薪酬，并与公司其他高管和员工有着日益扩大的薪酬差距；王克敏和王志超（2007）发现，随着高管对公司的控制权增加，高管会提高自身的薪酬水平；吕长江和赵宇恒（2008）研究认为，权力型高管可以自制薪酬激励组合，提高和丰富自己的薪酬水平和薪酬结构；代彬等（2011）实证结果认为，在国有企业中，管理者权力对高管薪酬契约有显著影响，并且公司高管凭借管理层权力，不仅能够显著提高其货币薪酬水平，还由此为其获得丰厚的私有收益。

管理者权力的大小，可以从总经理与董事长的兼职情况、高管是否持有公司股份以及高管在公司任期来反映。总经理职位与董事长职位是否分离反映了公司董事会的独立性和管理层对企业的控制力，两职兼任将为其提供更多的权力基础，增加了其在企业中的权威。一般认为，如果出现两职兼任的情况，公司更有可能影响董事会设计薪酬的过程，总经理和董事长更有可能获得更高的薪酬。实证研究表明两职兼任与其薪酬之间存在着正向关系。Finkelstein 等（1992，1994）认为总经理与董事长两职合一是管理者权力的重要来源。Boyd（1994）、Core（1999）等研究发现，当总经理同时兼任董事长时，总经理所获得薪酬更高。总经理兼任董事长的现象在中国上市公司一直存在，这是管理者权力支配型企业一种较为直接的体现。董事长既控制了董事会，同时自身又是企业被监督的内部管理人员的最高代表。事实上，在这种情况下，企业的监事会也难以正常发挥作用。张正堂（2007）以两职兼任作为董事会控制强度的一个变量，检验发现董事会控制强度与总经理年度货币薪酬水平呈负相关。而高管持股，在一定程度上改变公司高管的地位和属性，特别是对于高级经理人员更是如此。公司高管不仅是股东的受托方，也是委托方，他们把自身的股份委托给自己。公司高管往往会通过调整高管薪酬结构使高管的个人利益与企业利益一致，或者获得超额个人利益的行为。公司高管长期在位也会影响其权力。管理者权力最直接的体现是公司高管长期保持其职位，特别是董事长和总经理职务。董事长或总经理职位的继任就是管理者权力的体现。高管在长期保持职位的过程中，充分掌握了企业的内部信息，这种信息优势有利于进一步增强高管与股东讨价还价的能力，使其继续保持领导权力和地位。Hin 和 Phan（1991）发现，公司高管薪酬与公司的绩效的相关性随着公司高管任期的延长而降低。此外，高管长期任职会使得公司高管对董事会有较大的影响力，从而影响公司高管薪酬激励的水平和结构，使得董事会制定的薪酬契约更加符合公司高管自身的利益。因此，本章提出以下假设：

假设 4-1a：总经理与董事长兼任与高管薪酬差距正相关，即总经理和董事长兼任将扩大高管薪酬外在差距、内在差距和个人差距；

假设4-1b：高管持股与高管薪酬差距正相关，即高管持股将扩大高管薪酬外在差距、内在差距和个人差距，或高管持有公司股份越多，高管薪酬外在差距、内在差距和个人差距越大；

假设4-1c：高管继任与高管薪酬差距正相关，高管继任将扩大高管薪酬外在差距、内在差距和个人差距。

（二）公司治理结构

所有权和经营权的分离是现代意义上的企业的重要特征，新古典经济学认为，公司就是一个由包括了股东、债权人、管理者、雇员、政府、顾客等构建相互合同关系的结合体，其中公司管理者作为代理人，而其他群体作为委托人，委托代理问题由此形成。Jensen 和 Meckling（1976）认为，如果管理者是公司100%的所有者的话，就不会产生委托代理关系，只要管理者不是100%的所有者的话，那么管理者的利益与委托人的利益很有可能出现冲突。因此，管理者和所有者的委托代理关系是 Jensen 和 Meckling（1976）所探讨的最为重要的关系。由于所有权和经营权的分离带来的权利和责任的关系，构成了公司治理的最为重要的内容。根据经济合作与发展组织在《公司治理结构原则》中，给出了公司治理的一个有代表性的定义："公司治理是一种据以对公司进行管理和控制的体系。"①公司治理结构原则明确规定了公司的各个参与者的责任和权利分布，诸如董事会、经理层、股东和其他利益相关者。吴敬琏（1994）认为，"公司治理结构是指由所有者、董事会和高级执行人员即高级经理人员三者组成的一种组织结构"②。林毅夫（1997）认为，"所谓的公司治理结构，是指

---

① 经济合作与发展组织.《OECD 公司治理原则》实施评价方法 [M]. 李兆熙，周清杰译. 北京：中国财政经济出版社，2008.
② 吴敬琏. 现代公司与企业改革 [M]. 天津：天津人民出版社，1994.

所有者对一个企业的经营管理和绩效进行监督和控制的一整套制度安排"①。而李维安认为公司治理有狭义和广义之分。李维安（2000）认为，"狭义的公司治理，是指所有者（主要是股东）对经营者的一种监督与制衡机制。其主要特点是通过股东大会、董事会、监事会及管理层所构成的公司治理结构的内部治理；广义的公司治理则是通过一套包括正式或非正式的内部或外部的制度或机制来协调公司与所有利益相关者（股东、债权人、供应者、雇员、政府、社区）之间的利益关系"②。由此可以看出，公司治理主要处理的是所有者、董事会和高级经理人员之间及其内部之间的关系。

1. 股权集中度

监督成本较高会影响小股东监督管理层的积极性，因而小股东缺乏监督管理层的意愿，通常出现"用脚投票"或"搭便车"现象，Shleifer 和 Vishny（1986）认为，只有大的机构投资者与大股东才会有足够的动力去实施对公司高管行为的监督。如果存在大股东，则公司高管感觉到的监督会更强，公司高管对于其薪酬的影响能力有所下降。Cyert 等（2002）也发现，大股东股份多少与高管报酬成反相关系。Bertrand 和 Mullainathan（2000）研究表明，如果公司的最大外部股东持股不超过5%，公司高管获得的"幸运"报酬更高。国内的研究表明，在股权高度集中的情况下，绝对控股大股东或第一大股东的存在往往对公司的经营有利。因为公司的董事长或总经理往往是控股股东的直接代表或控股股东本人，经营者的利益与股东的利益是高度一致的，而在股权分散的情况下，经营者的利益很

---

① 林毅夫. 现代企业制度的内涵与国有企业改革方向 [J]. 经济研究, 1997（3）.
② 李维安. 公司治理 [M]. 天津：南开大学出版社, 2000.

第四章 高管薪酬差距的影响因素分析

难与股东的利益相一致。黄志忠（2006）分析认为，控股股东持有的股份比例越高，公司高管侵占公司资源的可能性越低。朱红军、汪辉（2004）研究发现，在不同股权分布情况下，公司高管侵占公司利益的方式有所差异，在大股东相对控股的情况下，公司高管的利益侵占更多表现为第二类代理问题，即大股东对小股东的侵占，在股权分散的情况下，公司高管利益侵占更多地表现为第一类代理问题，即管理层对全体股东的侵占行为。刘凤委、孙铮和李增泉（2007），江伟（2008）等对中国的研究发现，股权集中度会提高高管薪酬。而万媛媛等（2008）发现，高管薪酬与股权集中度之间具有负相关关系。杜兴强、王丽华（2009）研究发现，高层管理当局的薪酬与第一大股东的持股比率显著负相关，而与第二大股东的持股比率正相关。另外，股权集中度在一定程度上体现了大股东对公司高管的监控难易程度。当股权相对集中时，对公司高管实施监控的成本相对较低，高管行为容易被观察到，有利于促使公司高管努力提高水平，因此有效的监督可以作为薪酬激励的替代机制，导致股东倾向选择小的薪酬差距，以体现与其他员工的平等性。当股权比较分散时，全体股东权力不易集中，监控公司高管的社会成本往往大于单个股东的收益，使得公司治理的监督功能难以发挥。因此，在股权分散时，股东往往为了防止高管产生"逆向选择"或"道德风险"等自利行为，倾向扩大薪酬差距来提高公司高管的努力水平。因此，本章提出以下假设：

假设4－2a：实际控制人控制权与高管薪酬差距负相关，即实际控制人持股比例越大，高管薪酬外在差距、内在差距和个人差距越小；

假设4－2b：第一大股东持股比例与高管薪酬差距负相关，即第一大股东持股比例越大，高管薪酬外在差距、内在差距和个人差距越小；

假设4－2c：股东控制权与股东现金流权分离程度与高管薪酬差距性

正相关,即股东控制权与股东现金流权分离程度越大,高管薪酬外在差距、内在差距和个人差距越大;

假设4-2d:中小股东对大股东的制衡程度与高管薪酬差距正相关,即中小股东对大股东的制衡程度越大,高管薪酬外在差距、内在差距和个人差距越大。

2. 股权性质

股东性质,特别是第一大股东或控股股东的性质是决定高管薪酬的一个重要因素。Firth 等(2006)、Conyonand(2008)研究发现,政府管制对国有控股公司高管薪酬具有重要影响。中国的上市公司中,从股东性质看,主要存在两类股东:国有股东(包括国家股和国有法人股)和非国有股东。中国是以公有制为主的社会主义国家,由国有股东控制的上市公司,除了履行企业为营利性组织的基本功能,还肩负一定的社会职能,其经济行为难免带有行政色彩,政府对国有控股的上市公司的干预也较多,往往要求国有控股的公司带头执行政府的相关政策,包括高管薪酬水平和薪酬结构等。李增泉(2000)发现,国有股权的比例影响到高管人员的年度薪酬。因此,国有控股的企业高管人员往往不敢接受过高薪酬,害怕收入差距太大,背上"贪婪""腐败"的罪名,即使真正按照合同领取报酬时也不敢多拿(张涛,2003)。但是,由于国有控股公司的"所有者的虚位"导致国有控股公司的高管激励除了薪酬或公司股权等方式外,往往还包括在职消费、行政职位的提升和政治声誉等方式。陈冬华、陈信华和万华林(2005)认为,在职消费已成为国有企业高管薪酬主要的替代品。陈爽英和唐小我(2005)、杜胜利和翟艳玲(2005)发现,在职消费与国有股比例呈正相关。张正堂(2008)研究发现,在最终控制人为国有股的公司里,适当缩小高管与员工之间的薪酬差距,使员工感到薪酬具有一定的公平性，将有助于促进企业的未来发展。覃予（2009）通过研究发现，公司所有制性质影响员工的公平偏好程度，国有控股企业员工具有强烈的公平偏好。但是，林浚清和黄祖祥（2003）的研究表明，薪酬差距与国有股比例具有显著的负面影响，并且认为在国有控股企业应该适当缩小企业的薪酬差距程度。吴联生、林景艺和王亚平（2010）指出，公司股权性质影响薪酬的激励或惩罚作用。因此，本章提出以下假设：

假设4-3：实际控股股东的国有性质与高管薪酬差距正相关，实际控股股东的国有性质将扩大高管薪酬外在差距、内在差距和个人差距。

3. 治理结构

在现代企业制度下，董事会作为最高的治理机构，设计和实施高管薪酬激励机制是董事会的主要职责所在。董事会的治理效率，主要取决于董事会的独立性、权威性和机构运行的有效性。具体体现在董事会规模、董事会的构成以及董事会的机构设置。董事会规模的大小在不同的企业有较大的差异，如果董事会规模过大，董事之间容易形成意见不统一而引起内耗，出现"内部人控制"现象，而如果董事会规模太小，则容易被公司高管控制，无法发挥董事会应有的作用。Conyon 和 Peek（1997）、Core 等（1999）、Gosh 和 Sirmans（2005）研究发现，董事会规模与高管薪酬有正向关系。但是 Firth 等（2007）、Conyon 和 He（2008）发现，董事会规模降低公司高管自定薪酬能力。

在现代公司治理结构下，独立董事对提高董事会的独立性和有效性有重要的影响。按照中国证监会的公司治理建设要求，外部独立董事被赋予监督公司高管薪酬的权力，独立董事具有制定高管薪酬政策、进行绩效考核以及批准薪酬发放的权力。林浚清（2003）认为，董事会结构对经理人激励有明显的影响，拥有独立董事和适度内部董事比例有利于提高薪绩弹性，张必武和石金涛（2005）认为，独立董事制度能够显著提高薪绩敏感性。但尹志宏和杜琰（2005）研究发现，中国的独立董事制度并没有明显发挥预期效果。宁向东和张颖（2012）则发现，只有在董事会能够勤勉工作和诚信的独立董事，才能有效监督控股股东和公司高管。从独立董事制度自身而言，以"独立"的身份参与到董事会的工作，不代表公司高管的利益，但又是股东的代表，因此，提高董事会的独立性，提高独立董事在董事会的比重在一定程度上抑制管理者权力的扩张。但是，在现实的独立董事制度的运作过程中，聘任独立董事的权力又集中在公司高管中，使得独立董事的独立性和有效性受到影响。

在西方国家的公司治理实践中，设计高管薪酬契约的职责一般属于董事会的专门委员会——薪酬委员会履行，因此公司是否成立薪酬委员会是衡量高管薪酬是否合理的重要标志。薪酬委员会是董事会按照股东大会决议设立的专门机构，在股东的授权下制定、监督并执行管理人员的薪酬计划，充当了监督人角色，制衡和约束公司高管的私人行动。Main 和 Johnson（1993）、Ezzamel 和 Watson（1998）研究发现，薪酬委员会可以有效防止公司高管自定薪酬的现象出现。同时，薪酬委员会能够促使公司建立健全的管理者评价体系和薪酬体系，使公司的薪酬体系更加具有激励性和竞争性，增加了薪酬设计的透明度，更好地体现能者多得。

在中国，公司设立的监事会，肩负着对公司高管行为的监控作用，以保护股东权益。Firth 等（2006）和 Ding 等（2005）研究发现，监事会能够降低高管薪酬。另外，2006 年新颁布的公司法，对监事会的构成、职责以及参与公司的管理等权利作出更加明确的规定，在一定程度上强化了监事会的职责，因此增加监事会规模可能会对高管薪酬契约有一定的制约作用。

因此，基于分析，本章提出以下假设：

假设4-4a：董事会规模与高管薪酬差距正相关，即董事会规模越大，高管薪酬外在差距、内在差距和个人差距越大；

假设4-4b：公司独立董事比例与高管薪酬差距正相关，即独立董事比例越大，高管薪酬外在差距、内在差距和个人差距越大；

假设4-4c：薪酬委员会的设置与高管薪酬差距负相关，即薪酬委员会的设置将降低高管薪酬外在差距、内在差距和个人差距；

假设4-4d：监事会规模与高管薪酬差距负相关，即监事会规模越大，高管薪酬外在差距、内在差距和个人差距越小。

（三）公司基本特征

1. 公司绩效

委托代理理论的核心在于如何设计一套能够使得受托人与委托人的利益趋于一致的机制。在现代企业中，由于股东（委托人）与管理者（受托人）的目标函数往往不一致，公司高管可能会追求自身利益而损害股东利益，因此，将公司高管薪酬与公司绩效相关联成为解决委托代理问题的一种通用的方法。在同等条件下，公司绩效越好，一般认为公司高管投入的时间、精力和付出的努力会越多，给予高业绩的高管更高的薪酬，能够激励高管更加努力工作和约束自己的行为。因此，薪酬与公司绩效具有天然的相关性，公司绩效是影响高管薪酬的一个重要因素。目前国外对于高管薪酬与业绩关系的研究出现了两种不同的结果：Murphy（1985），Lambert 和 Larcker（1987），Gibbons 和 Murphy（1990），Murphy 和 Jensen（1990），Boschen 和 Smith（1995），Hall 和 Liebman（1998）等认为，高管薪酬与公司绩效业绩呈正相关关系，而 Madura、Martin 和 Jessel（1996），Morris C. Attaway 等（2000）为高管薪酬和公司业绩之间不存在明显的正相关关系。同样在中国,高管薪酬与业绩关系的研究也出现类似的两种不同的结果,林浚清和黄祖祥(2003),张俊瑞(2003),张小宁(2002),刘斌等(2003),宋德舜(2004),杜胜利和翟艳玲(2005),胡阳等(2006),赖普清(2007),唐清泉等(2008)证明高管薪酬与企业业绩正相关,而魏刚(2000),李增泉(2000),于东智和谷立日(2001),张宗益和宋增基(2002),谌新民和刘善敏(2003),胡铭(2003),顾斌和周立烨(2007)则证明管理者激励与企业业绩不相关。随着理论界与实务界对高管薪酬与绩效的关注程度的提高以及市场机制的完善,高管薪酬与公司绩效的关联程度进一步加强。因此,本章提出以下假设:

假设4-5:公司绩效与高管薪酬差距正相关,即公司绩效越好,高管薪酬外在差距、内在差距和个人差距越大。

2. 公司成长性

一般来说,高成长性的公司往往拥有某些与其他企业有明显差异的特征,比如先进技术、知识产权或者特许经营等因素,导致其提供的产品或服务在所处的行业中拥有较高的市场份额,使企业能够保持一定的垄断地位,因而获得较高的收益或现金流量,也就有能力为公司高管提供较高薪酬水平。同时,公司高管可能对企业获得高成长性做出重要贡献,为其获得高于其他员工薪酬提供合理的理由。Baker等(1988)认为,薪酬提升机制是否有效取决于组织成长性。Bloom(2000)认为,公司高管有更大的能力影响公司的成长性。林浚清和黄祖祥(2003)研究发现,随着公司成长性的提高,调整薪酬差距以适应高管晋升的激励需要。因此,一般认为,公司成长性越高,发展前景越好,公司发展前景将影响公司高管的晋升体系和高管薪酬级差。在高成长的公司,职务和薪酬晋升体系可能会运作良好，但在低成长性的公司可能难以发挥作用。但是，高成长性公司，在其成长阶段往往业绩比较少，经常出现净利润小于零的现象，因而，Lipper 和 More（1994），肖继辉和彭文平（2002），周嘉南和黄登仕（2006），陈震和张鸣（2007）等有证据发现，公司成长性与高管的薪绩敏感性不具有显著关系或负相关。因此，本章提出以下假设：

假设 4-6：公司成长性与高管薪酬差距正相关，即公司成长性越好，高管薪酬外在差距、内在差距和个人差距越大。

3. 公司规模

一般认为，公司规模越大，公司的生产、销售、管理、技术等问题愈加多样化，公司各个部门之间的协调难度也更大，这就要求公司高管投入更多的时间与精力，对公司高管的组织协调能力、素质方面的要求也就越高。同时，公司规模在一定程度上会影响交易成本，规模越大，市场交易费用越低，越可能获得规模经济效应，从而使公司拥有更高的市场占有率，公司将可能获得更大的利润和回报，为公司员工提供较高薪酬奠定坚实的经济基础。公司业务范围越大，对管理层的能力要求也就越高，相应地，公司高管将投入更多的时间和精力，高管获得高额报酬也就变得理所当然，并且通常会引起高管与普通员工的薪酬差距扩大。大部分的研究，比如李增泉（2000），Firth 等（2007），Buck 等（2008）和 Ding 等（2008）都认为企业规模与高管薪酬显著正相关，随着企业规模的增大，高管薪酬水平越高，高管薪酬的形式也越是多样化。陈信元和陈冬华（2009）研究发现，企业内部的薪酬差距较大。因此，本章提出以下假设：

假设 4-7：公司规模与高管薪酬公平性正相关，即公司规模越大，高管薪酬外在差距、内在差距和个人差距越大。

二、公司外部因素

本部分将从公司外部因素角度,包括公司所处的地区市场化程度、行业特征、债权人状况、会计制度环境以及政府薪酬管制制度,对影响高管薪酬公平性的因素进行理论分析,并提出研究假设。

(一)地区市场化程度

中国经济运行的一个重要特点是区域经济发展不平衡,各地的经济实力存在显著差异,樊纲和王小鲁(2010)的研究表明,中国各个地区的市场化进程存在显著差异。企业作为经济运行体系的重要组成部分,将不可避免地受到这一经济特点的影响,因此,高管薪酬水平和员工之间薪酬差距不可避免地受企业所处地区发达程度的影响。在经济较为发达的东部地区,企业发展更快,公司治理水平和高管薪酬制度也趋于完善,公司高管更能够接受市场化薪酬制度,并乐意通过实现股东利益最大化来获得高额的物质激励,并且企业内部以及企业之间薪酬差距较大。而在经济欠发达的中西部地区,高管薪酬水平相对较低,薪酬差距也相对较小,李增泉(2000),湛新民和刘善敏(2003),杨蕙馨和王胡峰(2006),辛清泉和谭伟强(2009),陈信元和陈冬华(2009),陈冬华、梁上坤和蒋德权(2010)等研究发现,高管人员薪酬水平和薪酬差距与地区经济发达程度正相关。因此,本章提出以下假设:

假设4-8a:地处东部地区的公司高管薪酬差距显著高于地处中西部地区的公司高管薪酬差距;

假设4-8b:市场化程度与高管薪酬公平性正相关,即公司所处地区的市场化程度越高,高管薪酬外在差距、内在差距和个人差距越大。

(二) 行业竞争性

一般而言，行业特征会影响公司的经济行为。行业的集中程度越高，越容易形成行业垄断，行业内的大部分销售被少数几家公司所控制，公司高管容易凭借自己在行业里的垄断地位而获得较高的公司绩效，不用付出过多的时间和精力去经营企业，这样的公司高管薪绩敏感度较小。在竞争较为激烈的行业，公司高管往往需要花费更多的时间和精力去管理企业，才能获得既定的经营目标，因此，高管薪酬与企业绩效之间更具有相关性。公司高管获得更高的薪酬回报变得理所当然，高管薪绩敏感度较高。另外，政府对行业的管制也是影响公司高管薪酬的一个重要因素。Joskow、Rose 和 Sherpard（1993）发现，被管制行业的企业高管的报酬普遍比未被管制行业的高管报酬要低，国内的学者，比如魏刚（2000），李增泉（2000），谌新民和刘善敏（2003），徐向艺、王俊祥和巩震（2007）等研究发现，高级管理人员的报酬水平受所处行业景气度的影响，在竞争性行业里，公司高管薪酬与公司治理绩效呈显著正相关关系，而在非竞争行业里，公司高管薪酬与公司治理绩效不存在显著相关。在中国的经济环境中，非竞争性行业往往都是影响国计民生的重要行业，国家往往处于垄断地位。因此，本章提出以下假设：

假设 4-9：行业竞争性与高管薪酬差距正相关，即行业竞争性将扩大高管薪酬外在差距、内在差距和个人差距。

(三) 债权人因素

负债资金是公司财政的重要来源之一，因而债权人作为公司外部治理的重要因素，在公司治理中起着重要作用。债权人对公司治理所形成的债权人治理机制，将影响高管薪酬激励机制。有研究表明，当公司债务比率较高时，公司会在一定程度上牺牲股东与公司高管利益，减少股东与债权人之间的利益冲突，于是高管薪酬水平对公司业绩的敏感度就会有所降低。Ortiz–Molina（2007）发现，公司负债经营会降低高管薪酬与公司绩效之间的敏感度。就中国而言，童盼和陆正飞（2005），江伟和沈艺峰（2005）认为，在中国，法律对债权人的保护以及债权人的自我保护都比较弱，上市公司存在较为严重的负债代理成本问题。为了减少负债的代理成本，债权人往往要求公司在制定高管薪酬契约时，制定高管薪酬较低的薪酬契约，以降低高管薪酬与公司业绩敏感度。杜兴强和王丽华（2007），Firth等（2007）和江伟（2008）等研究发现，高负债率的公司，其高管薪酬都较低。因此，本章提出以下假设：

假设4–10：公司负债程度与高管薪酬差距负相关，即公司负债程度越大，高管薪酬外在差距、内在差距和个人差距越小。

（四）会计制度环境

会计准则是企业管理当局编制财务报告的基本准则，因此会计制度的不同，会影响公司管理当局盈余信息的披露，沈烈和张西萍（2007）认为，会计准则天生是盈余管理借用的工具。2006年2月15日，财政部公布包括1个基本准则和38个具体准则的我国企业会计准则体系，并要求2007年1月1日在我国上市公司实施，标志着中国公司面临的会计制度发生了重大改变，薛爽、赵立新、肖泽忠和程续兰（2008）的研究表明，在新会计准则下，公司会计盈余信息具有更高的价值相关性并且增量的信息含量。王建新（2007），张然、陆正飞、叶康涛（2007），步丹璐、叶建明（2009）等实证分析认为新会计准则减少了上市公司进行盈余管理的空间，因而在新会计准则框架下，公司盈余信息质量得到提升。根据中国财政部、国资委等部门在2003年、2006年和2009年《中央企业负责人经营业绩考核暂行办法》中的经营业绩都是以会计业绩指标——净利润和净资产收益率作为考核内容。因此会计制度环境的变化,对公司高管薪酬将有重大影响。基于以上制度环境分析,本章提出以下假设:

假设 4-11:会计准则变更与高管薪酬差距正相关,即会计准则变更将扩大高管薪酬外在差距、内在差距和个人差距。

(五) 政府薪酬管制

萨缪尔森等(1992)认为,管制是政府以命令的方法改变或控制企业的经营活动而颁布的规章和法律,以控制企业的价格、销售或生产决策[①]。因此,薪酬管制可以引申为政府依靠行政命令的方式对公司高管领取高额薪酬的一种直接干预的方式和制度。薪酬管制是与企业作为一个市场自由竞争者依据劳动力市场自发裁定其员工薪酬制度相对应的。按照公司法的规定,公司具有独立的法人人格,在法律法规范围内,拥有各项经营管理的裁定权,包括决定公司高管的选聘和薪酬水平及其结构。但是,维持社会稳定和公平,防止收入分配的差距过大,也是政府的主要职责和追求的社会目标。过大的薪酬差距可能会引起失业人群或低收入人群的不满和愤怒,将不利于整个社会稳定和经济发展。因此,各国政府都在不同时期实施过薪酬管制制度,2009 年,中国财政部印发《金融类国有及国有控股企业负责人薪酬管理办法(征求意见稿)》,对国有金融企业负责人提出了 280 万元的最高年薪限薪令。因此,本章提出以下假设:

假设 4-12:政府薪酬管制与高管薪酬差距负相关,即政府薪酬管制将降低高管薪酬外在差距、内在差距和个人差距。

---

① 保罗·萨缪尔森,威廉·诺德豪斯. 经济学 [M]. 北京:中国发展出版社,1992.

第二节 研究设计与样本选择

一、样本选择与数据来源

本书以 2005~2011 年在中国 A 股市场上市的公司为研究样本,并按照以下步骤对研究样本进行选择和处理:

(1) 剔除了金融、保险类上市公司,因为金融、保险行业经营业务和执行的会计准则具有特殊性,从图 3-5 中也可以发现,金融类企业高管薪酬和员工薪酬与其他行业有显著的差异。

(2) 剔除交叉发行 B 股和 H 股的上市公司,因为 A 股与 B 股、H 股之间存在制度环境差异。

(3) 剔除在沪深两市交易的中小板和创业板的上市公司,因为中小板企业和创业板企业在企业规模和上市时间方面与主板市场的企业存在差异。

(4) 剔除 ST、*ST 以及 PT 的上市公司,因为被中国证监会警示的 ST 和 *ST 公司的生产经营往往受较大的非正常因素干扰。

(5) 剔除资产负债率大于 100% 的上市公司,即资不抵债的极端值。

(6) 剔除上市不满 2 年和当年刚进行 IPO 样本公司,因为公司经营绩效往往会受到公司刚上市和 IPO 的影响,高管薪酬不具有可比性。

(7) 剔除核心高管年薪低于 3 万元的奇异值公司。

(8) 剔除模型中变量数据缺失的样本公司。

本书研究中所采用的数据主要来自上市公司年度报告、国泰安数据库（CSMAR）和锐思数据库（RESSET），有关中国市场化指数的相关数据来源于樊纲、王小鲁、朱恒鹏等《中国市场化指数：各地区市场化相对进程2011年报告》。使用的统计软件为STATA11.0、Excel等统计软件。

二、模型设计与变量设定

根据前面的假设与分析，本文建立模型4-1来用于检验薪酬差距的影响因素。

$$\begin{aligned} gap_{it} =\ & \alpha_0 + \alpha_1 jz_{it} + \alpha_2 ggcgrate_{it} + \alpha_3 ggcgd_{it} + \alpha_4 change_{it} + \\ & \alpha_5 rightcontr_{it} + \alpha_6 negshrcr1_{it} + \alpha_7 seperation_{it} + \alpha_8 negshrs_{it} + \\ & \alpha_9 contr_{it} + \alpha_{10} dsrs_{it} + \alpha_{11} idrate_{it} + \alpha_{12} commit_{it} + \alpha_{13} jsrs_{it} + \\ & \alpha_{14} ROA_{it} + \alpha_{15} growth2_{it} + \alpha_{16} size_{it} + \alpha_{17} region_{it} + \alpha_{18} market_{it} + \\ & \alpha_{19} mpoly2_{it} + \alpha_{20} lev_{it} + \alpha_{21} accounting_{it} + \alpha_{22} paycon_{it} + \\ & \sum_{i=1}^{19} \beta_{it} indd_{it} + \sum_{i=1}^{6} \gamma_{it} yd_{it} + \varepsilon_{it} \end{aligned} \qquad 模型（4-1）$$

在模型（4-1）中，被解释变量gap表示高管薪酬差距，包括高管薪酬外在差距、内在差距和个人差距，分别用exgap、ingap和pergap表示。

本书研究中所涉及的相关变量定义及计算如表4-1所示。

表4-1 相关变量说明

变量类型	变量符号	含义	计算说明
薪酬公平性	exgap	外在差距	见式（3-1）
	ingap	内在差距	见式（3-2）
	pergap	个人差距	见式（3-3）

续表

变量类型	变量符号	含义	计算说明
管理者权力	jz	两职合一	虚拟变量，当董事长和总经理为同一人时取值为1，否则为0
	ggcgrate	高管持股比例	高管持股数量与公司股本总数之比
	ggcgd	高管是否持股	虚拟变量，当高管持有公司股票时取值为1，否则为0
	change	高管是否留任	虚拟变量，当董事长或总经理离职时取值为0，否则为1
公司治理	rightcontr	实际控制人控制权	实际控制人的持股比例
	contr	实际控制人性质	虚拟变量，当实际控股股东为国有性质时取值为1，否则为0
	seperation	两权分离度	股东的控制权与现金流权之差
	negshrcr1	Z指数	公司第一大流通股股东持股比例
	negshrs	S指数	公司第二大流通股股东至第十大流通股股东持股比例之和
	commit	是否设置薪酬委员会	虚拟变量，当公司设置有薪酬委员会时取值为1，否则为0
	idrate	独立董事比例	独立董事人数占董事会董事人数的比例
	dsrs	董事会规模	董事会董事人数，包括独立董事
	jsrs	监事会规模	监事会监事人数
公司基本特征	lnasset	公司规模	对公司总资产取自然对数
	ROA	总资产收益率	公司净利润与总资产平均余额之比
	EPS	每股收益	公司净利润与总股数之比
	Tobin'Q	托宾Q值	市场价值与期末总资产之比，其中，市场价值为股权市值与净债务市值之和
	Growthd1	公司成长性	虚拟变量，当公司Tobin'Q值大于行业年度中位数时取值为1，否则为0
外在因素	region	所处地区	虚拟变量，当公司处于东部地区①时取值为1，否则为0

---

① 本书将北京、天津、河北、辽宁、山东、江苏、上海、浙江、福建、广东和海南11个省市界定为东部地区，其余的省份视为中西部地区。

续表

变量类型	变量符号	含义	计算说明
外在因素	mpoly2	行业竞争性	虚拟变量,当公司所处行业为竞争性行业①时取值为1,否则为0
	market	市场化程度	樊纲、王小鲁、朱恒鹏(2011)编制的各地区市场化进程数据
	lev	资产负债率	公司负债总额与资产总额之比
	accounting	会计准则是否变更	虚拟变量,当公司年度为2007~2011年时取值为1,否则为0
	paycon	是否有限薪令	虚拟变量,当公司年度为2009~2011年时取值为1,否则为0
控制变量	indd	行业	虚拟变量,当公司为某行业时取值为1,否则为0
	yd	年度	虚拟变量,当公司为某年度时取值为1,否则为0

第三节 实证分析与结果讨论

一、描述性统计

(一) 主要变量的描述性统计

表4-2是关于高管薪酬差距的描述性统计情况,从exgap,即高管薪

---

① 本书将以下行业划分为非竞争性,即垄断行业:采掘业、石油加工及炼焦业、黑色金属冶炼及压延加工业、有色金属冶炼及压延加工业、电力、煤气及水的生产和供应业、铁路运输业、航空运输业、公共设施服务业、邮政服务业、通信服务业等。其余的行业划分为竞争性行业。

表4-2　2005~2011年高管薪酬公平性指标描述性统计

薪酬差距指标	年份	2005	2006	2007	2008	2009	2010	2011	合计
	公司数	947	985	951	969	1003	920	940	6715
exgap	均值	1	1	1	1	1	1	1	1
	标准差	0.801	0.756	0.949	0.909	0.856	0.868	0.903	0.864
	最小值	0.057	0.080	0.059	0.070	0.055	0.037	0.046	0.037
	中位数	0.813	0.802	0.781	0.788	0.791	0.799	0.798	0.796
	最大值	6.467	6.824	12.110	12.391	10.798	10.498	10.090	12.391
ingap	均值	3.756	3.930	4.053	3.854	3.995	4.095	4.079	3.965
	标准差	2.265	3.879	2.988	2.452	3.057	4.211	8.257	4.293
	最小值	0.837	0.524	0.615	1.323	0.796	1.094	0.978	0.524
	中位数	3.125	3.206	3.287	3.232	3.230	3.216	3.144	3.210
	最大值	22.479	93.000	47.500	39.595	36.270	96.133	244.618	244.618
pergap	均值	3.420	3.432	3.461	3.480	3.501	3.509	3.521	3.475
	标准差	0.220	0.212	0.214	0.223	0.225	0.226	0.231	0.224
	最小值	2.688	2.723	2.673	2.635	2.673	2.618	2.576	2.576
	中位数	3.416	3.426	3.454	3.474	3.494	3.500	3.511	3.467
	最大值	4.172	4.117	4.285	4.477	4.471	4.361	4.548	4.548

酬外在差距来看，2005~2011年的七年间，总体上标准差为0.864，变化程度不大，2007年的标准差最大为0.949，最小的为2006年的0.756，从exgap的均值和中位数来看，各年的高管薪酬外在差距总体上是右偏态势，所选取的样本与表3-5和图3-6相一致。从ingap，即公司高管薪酬内在差距看，2005~2011年的七年间，总体上，核心高管平均薪酬为一般高管平均薪酬的3.965倍，中位数为3.210倍，表现为右偏态势，同时，极值差距较大，最小值为0.524倍，核心高管平均薪酬为一般高管平均薪酬的一半左右，最大值为244.618倍。2005~2011年的七年间的趋势来看，所选取的样本与表3-6和图3-7相一致，都是从2005年开始，核心高管平均薪酬与一般高管薪酬的内部差距逐年上升，由2005年的

3.756 倍,上升到 2007 年的 4.053 倍,而后的 2008 年降为 3.854 倍,随后的 2009 年开始又逐年提高,从 2009 年的 3.995 倍上升到 2010 年的 4.095 倍和 2011 年的 4.079 倍,并且最大值与最小值之间的极值差距也呈现相同的态势,到 2011 年达到最大的 244.618 倍。从 pergap,即高管薪酬个人差距看,2005~2011 年的七年间,pergap 从 2005 年的 3.420 逐年上升到 2011 年的 3.521,说明高管薪酬个人差距逐年拉大,高管实际获得的薪酬超过其绩效薪酬的非绩效薪酬越来越大,高管薪酬的薪绩敏感度在逐年下降,这一绩效薪酬趋势与表 3-8 和图 3-9 一致。2005~2011 年的七年间,高管薪酬个人差距(pergap)平均值为 3.475,说明高管薪酬中,根据绩效而获得的薪酬总体较低,高管薪酬中还有大量的非业绩性的薪酬存在。

表 4-3 是关于模型(4-1)中主要解释变量的描述性统计情况,从管理者权力看,有 11.7% 的上市公司,总经理与董事长是同一个人,比例较低。公司高管持股较少,高管持股占公司总股本平均为 8%,高管持股最大值为 70.3%。尽管高管持股比例较少,但是高管持有股份的上市公司占样本公司的 63.3%。同时,在样本年度里,留任的总经理或董事长比例较高,达到了 71.6%。从公司治理角度来看,实际控股股东持股比例为 37.227%,并且实际控股股东持股差异较大,最大值为 100%,最小值仅有 1.49%。在实际控股股东中,68.3% 具有国有性质背景。第一大股东的持股比例要比实际控股股东的持股比例要低,第一大股东的持股比例平均为 12.195%,第一大股东持股差异也较大,最大值为 84%,最小值仅有 4.8%。在股东之间的制衡方面,公司第二大流通股股东至第十大流通股股东持股比例之和平均值为 8.395%,其值都小于第一大股东持

表4-3 主要解释变量描述性统计性

变量		均值	标准差	最小值	中位数	最大值
管理者权力	jz	0.117	0.322	0	0	1
	ggcgrate	0.008	0.049	0	2.7E-05	0.703
	ggcgd	0.633	0.482	0	1	1
	change	0.716	0.451	0	1	1
公司治理	rightcontr	37.227	15.487	1.49	35.79	100
	negshrcr1	12.195	16.071	0.048	4.448	84
	seperation	6.331	8.544	0	0	44.477
	negshrs	8.395	7.787	0.315	5.762	49.042
	contr	0.683	0.466	0	1	1
	dsrs	9.304	1.911	3	9	19
	idrate	0.358	0.050	0.083	0.333	0.714
	commit	0.730	0.444	0	1	1
	jsrs	4.054	1.340	0	3	13
公司基本特征	ROA	0.034	0.068	-0.999	0.031	1.284
	growthd1	0.500	0.500	0	0	1
	lnasset	21.692	1.087	18.157	21.611	26.949
外部环境	region	0.559	0.497	0	1	1
	market	8.420	2.038	1.36	8.44	12.38
	mpoly2	0.861	0.346	0	1	1
	lev	0.518	0.183	0.007	0.534	1
	accounting	0.712	0.453	0	1	1
	paycon	0.426	0.495	0	0	1

股比例的12.195%和实际控股股东持股比例的37.23%，因而中小股东对大股东和实际控股股东的制衡作用较小。股东的控制权与现金流权分离程度平均为6.331%。在公司治理结构方面，有73%的样本公司建立了薪酬委员会，董事会平均有9.304%为董事组成，并且平均有35.8%的董事为独立董事，监事会平均有4.054个监事组成，因此，公司治理结构都高于

公司法规定的平均水平。从公司基本特征来看，中国上市公司的绩效为 0.034，中位数为 0.031，总体上出现状态分布态势，极值差距较大，最大值为 1.284，最小值为 -0.999。公司规模、资产总额的自然对数均值为 21.692，即 26.37 亿元。从影响高管薪酬公平性的外部因素来看，有 55.9% 的上市公司来自东部发达地区，并且市场化水平为 8.42%，并且有 86.1% 的上市公司处于竞争性行业，样本公司的平均负债水平为 51.8%，但负债水平差距较大，最大值为 100%，最小值仅为 0.7%。在所选取的样本公司中，有 71.2% 为 2007 年之后的公司，有 42.6% 公司为 2009 年之后的公司。

二、相关性检验

（一）相关性分析

表 4-4 是模型（4-1）的主要解释变量的相关检验结果，从表中可以发现，绝大部分的变量之间的相关系数都小于 0.3，说明主要解释变量中，不存在严重的多重共线性问题。从表 4-5 中可以发现，主要解释变量的 VIF 最大值为 4.21，小于经验值为 5，VIF 的平均值为 1.787，小于经验值 2，进一步说明主要解释变量中，不存在严重的多重共线性问题。

（二）单变量分析

为了反映管理者权力、实际控股股东性质、薪酬委员会、公司成长性、地区市场化进程、行业竞争性、会计制度环境以及政府薪酬管制对高管薪酬差距的影响，本章对高管薪酬差距进行均值检验，其检验结果如表 4-6 所示。

表 4-4 主要解释变量相关性检验

	jz	ggcgrate	ggcgd	change	rightcontr	negshrcr1	seperation	negshrs	contr	dsrs	idrate
jz	1										
ggcgrate	0.0457***	1									
ggcgd	0.071***	0.0857***	1								
change	0.013	0.120***	0.049***	1							
rightcontr	0.016	0.024**	-0.138***	-0.041***	1						
negshrcr1	-0.101***	-0.093***	-0.045***	0.020	0.146***	1					
seperation	-0.031***	-0.021***	-0.085***	-0.011	0.046***	0.030**	1				
negshrs	-0.001	-0.085***	0.025***	0.073***	-0.220***	0.273***	0.0016	1			
contr	0.038***	0.138***	0.019	0.000	0.281***	0.059***	-0.031**	-0.0045	1		
dsrs	-0.110***	-0.208***	0.026**	0.028**	0.050***	-0.025**	-0.335***	-0.076***	0.0674***	1	
idrate	-0.103***	-0.025**	-0.037***	-0.021*	-0.023*	0.090***	-0.039***	0.023*	0.197***	0.2170***	1
commit	0.034***	0.040***	-0.028**	0.002	-0.023*	0.298***	-0.027	0.032***	-0.061***	-0.245***	0.117***
jsrs	0.003	-0.005	0.027*	0.018	0.087***	-0.016	-0.004	0.212***	-0.002	-0.033***	-0.069***
ROA	-0.068***	-0.085***	0.002	0.097***	0.128***	0.086***	-0.059***	-0.014	0.222***	0.322***	-0.010
growthd1	-0.014	0.026**	-0.008	-0.034***	-0.015	0.018	0.022*	0.198***	-0.001	0.050***	-0.016
lnasset	0.000	-0.004	0.120***	0.040***	0.283***	0.243***	-0.010	-0.016	0.003	0.010	0.037***
region	-0.084***	-0.037***	0.081***	0.032***	0.033***	0.029**	-0.023*	0.082***	0.202***	0.232***	-0.020*
market	0.006	0.062***	0.096***	0.025**	0.012	0.095***	-0.016	0.017	-0.049***	-0.058***	0.010
mpoly2	0.026**	0.092***	0.061***	0.023*	-0.205***	-0.034***	0.002	0.065***	-0.074***	-0.042***	0.019
lev	0.029**	0.037***	0.032***	-0.017	0.007	0.040***	-0.002	0.059***	-0.156***	-0.177***	-0.003
accounting	-0.024**	-0.025**	-0.039***	0.043***	-0.072***	0.413***	-0.003	0.361***	-0.032***	-0.058***	0.134*
paycon	0.017	-0.005	-0.042***	0.021*	-0.028**	0.618***	-0.007	0.322***	-0.024**	-0.062***	0.126*

第四章 高管薪酬差距的影响因素分析

续表

	commit	jsrs	ROA	growthdl	lnasset	region	market	mpoly2	lev	account	paycon
jz	0.012	0.0834***	-0.0181	0.0102	0.0836***	0.0038	0.017	0.0364***	-0.0336***	0.0172	0.0164
ggcgrate	-0.0324***	-0.0099	0.0409***	-0.0113	0.0732***	0.1120***	0.1493***	0.1218***	-0.0005	-0.0570***	-0.0667***
ggcgd	-0.0226*	0.0471***	-0.0019	-0.011	0.1133***	0.0788***	0.0948***	0.0683***	0.0324***	-0.0401***	-0.0456***
change	-0.0016	0.0217*	0.0924***	-0.0339***	0.0378***	0.0341***	0.0253**	0.0154	-0.0136	0.0435***	0.02
rightcontr	-0.0221*	0.0787***	0.1655***	-0.0127	0.2446***	0.0361***	0.0078	-0.2002***	0.0136	-0.0707***	-0.0326***
negshrcrl	0.3971***	-0.0208**	0.1472***	0.0091	0.2239***	0.0321**	0.1235***	0.0141	0.0178	0.6000***	0.6466***
seperation	0.0061	-0.1142***	0.0257**	-0.0095	-0.0558***	-0.0272**	-0.0045	0.0291**	0.003	0.0098	0.0027
nrgshrs	0.2742***	-0.0067	0.3013***	-0.0167	0.1341***	0.0183	0.0815***	0.0536***	-0.0235**	0.4594***	0.3554***
contr	-0.0071	0.2291***	-0.0161	0.0039	0.1995***	-0.0509***	-0.0817***	-0.1573***	0.0577***	-0.0336***	-0.026**
dsrs	-0.0358***	0.3135***	0.0523***	0.0055	0.2165***	-0.0461***	-0.0225**	-0.1740***	0.0902***	-0.0599***	-0.0680***
idrate	0.1111***	-0.0769***	-0.0073	-0.0176	0.0486***	-0.0143	0.01	0.0071	0.0001	0.1203***	0.1089***
commit	1	-0.0073	0.0863***	0.0156	0.1416***	-0.0024	0.0780***	-0.0082	0.0155	0.5152***	0.4205***
jsrs	-0.011	1	0.0255**	0.0028	0.1891***	-0.1068***	-0.1015***	-0.1493***	0.0773***	-0.0353***	-0.0417***
ROA	0.075***	0.050***	1	-0.0017	0.2094***	0.0671***	0.0811***	-0.0724***	-0.3192***	0.1188***	0.0801***
growthdl	0.015	0.002	-0.013	1	0.006	0.0126	0.0078	-0.0175	0.0263**	-0.0013	0.0003
lnasset	0.147***	0.183***	0.197***	0.013	1	0.0995***	0.1071***	-0.2298***	0.3165***	0.1919***	0.2132***
region	-0.004	-0.104***	0.056***	0.008	0.094***	1	0.7988***	0.1129***	-0.0307***	0.0008	-0.0069
market	0.068***	-0.102***	0.073***	0.003	0.098***	0.789***	1	0.1251***	-0.0041	0.1252***	0.0730***
mpoly2	-0.003	-0.167***	-0.063***	-0.017	-0.248***	0.112***	0.125***	1	-0.0399***	-0.0036	-0.0066
lev	0.009	0.067***	-0.300***	0.030**	0.308***	-0.048***	-0.019	-0.032***	1	0.013	0.0430***
accounting	0.508***	-0.036***	0.118***	0.000	0.198***	0.003	0.120***	-0.009	0.013	1	0.5467***
paycon	0.419***	-0.041***	0.083***	0.000	0.221***	-0.005	0.072***	-0.010	0.044***	0.548***	1

表 4-5 主要解释变量多重共线性检验

变量	paycon	accounting	market	mpoly2	region	negshrcr1	lnasset	contr	lev	rightcontr	commit
VIF	4.21	3.24	3.07	3.03	2.95	1.86	1.76	1.51	1.48	1.48	1.47
1/VIF	0.237765	0.308986	0.325369	0.330113	0.339021	0.537533	0.569389	0.661707	0.67435	0.676645	0.678071

变量	ROA	negshrs	dsrs	seperation	jsrs	ggcgrate	ggcgd	idrate	jz	change	growthd1	平均值
VIF	1.46	1.43	1.34	1.25	1.24	1.2	1.13	1.12	1.05	1.02	1.01	1.787
1/VIF	0.683234	0.698433	0.7488	0.801707	0.808897	0.83069	0.88751	0.893772	0.956098	0.976716	0.993974	

第四章 高管薪酬差距的影响因素分析

表4-6 高管薪酬差距的均值检验结果

薪酬差距指标	两职合一	公司数	均值	t值	高管持股	公司数	均值	t值
exgap	0	5927	0.9998	0.6707	0	2467	0.8976	7.602***
	1	788	1.0218		1	4248	1.0632	
ingap	0	5927	3.9037	3.221***	0	2467	4.1643	-2.899***
	1	788	4.4276		1	4248	3.8495	
pergap	0	5927	3.4686	6.042***	0	2467	3.4884	-3.866***
	1	788	3.5198		1	4248	3.4665	
薪酬差距指标	高管留任	公司数	均值	t值	控股股东性质	公司数	均值	t值
exgap	0	1910	0.8961	6.371***	0	2132	1.0239	-1.391
	1	4805	1.0446		1	4583	0.9924	
ingap	0	1910	4.0855	-1.449	0	2132	4.6568	-9.059***
	1	4805	3.9173		1	4583	3.6434	
pergap	0	1910	3.4645	2.321**	0	2132	3.5476	-18.650***
	1	4805	3.4786		1	4583	3.4406	
薪酬差距指标	薪酬委员会设置	公司数	均值	t值	公司成长性	公司数	均值	t值
exgap	0	1814	0.9503	3.009***	0	3360	0.9868	1.48
	1	4901	1.0217		1	3355	1.0180	
ingap	0	1814	3.8144	1.751*	0	3360	3.9598	0.102
	1	4901	4.0209		1	3355	3.9705	
pergap	0	1814	3.4293	10.148***	0	3360	3.4713	1.188
	1	4901	3.4913		1	3355	3.4778	
薪酬差距指标	地区差异	公司数	均值	t值	行业竞争性	公司数	均值	t值
exgap	0	2962	0.8179	15.831***	0	933	1.0509	-1.847**
	1	3753	1.1480		1	5782	0.9946	
ingap	0	2962	3.7461	3.718***	0	932	3.6973	2.055**
	1	3753	4.1380		1	5773	4.0084	
pergap	0	2962	3.4385	11.838***	0	932	3.3766	14.597***
	1	3753	3.5031		1	5773	3.4904	
薪酬差距指标	会计准则变更	公司数	均值	t值	政府薪酬管制	公司数	均值	t值
exgap	0	1932	1.0030	-0.0365	0	3852	1.0027	-0.0348
	1	4783	1.0021		1	2863	1.0020	

续表

薪酬差距指标	地区差异	公司数	均值	t值	行业竞争性	公司数	均值	t值
ingap	0	1932	3.8448	1.461	0	3852	3.8985	1.476
	1	4783	4.0138		1	2863	4.0548	
pergap	0	1932	3.4259	11.420***	0	3852	3.4482	11.2945***
	1	4783	3.4942		1	2863	3.5101	

表4-6是按照不同标准对高管薪酬公平性指标进行的均值比较检验结果，从表4-6中可以看出，从总经理与董事长两职合一的角度看，两职合一的exgap与两职分离的exgap不存在显著差异，而两职合一的ingap显著高于两职分离的ingap，说明管理权力较大的公司高管，将获得比一般高管更高的薪酬回报，体现高管薪酬外在公平性，总经理与董事长两职合一的pergap显著高于两职分离的pergap，则说明具有较大管理权力的高管，将获得较小的绩效薪酬，在非业绩方面获得更多薪酬，这与权小锋、吴世农和文芳（2010）的结论是一致的，基本支持假设4-1a成立。从高管持股的角度来看，高管持股的exgap显著高于高管不持股的公司的exgap，说明持有公司股票的公司高管将获得显著高于同行不持有公司股票的高管薪酬，持有公司股票的高管的ingap和pergap都显著低于不持有公司股票高管的pergap，说明高管持股可以获得相关的股票收益，因而将不会过多地获取货币薪酬，说明高管薪酬内在差距和个人差距方面，与假设4-1b相反，而在高管薪酬外在差距方面与假设4-1b相一致。从高管是否留任的角度来说，高管留任的exgap和pergap都显著高于刚接任高管职位的高管的exgap和pergap，说明高管留任使得高管对公司的了解更加深刻，获得更大的管理者权力，从而提高高管薪酬的外在差距和个人差距，而高管留任的对高管薪酬内在差距没有显著影响，因此，这个结论部

分支持假设 4-1c。

从控股股东性质来看，非国有性质的实际控制人控制的上市公司的 ingap 和 pergap 都显著高于国有性质的控股股东控制的上市公司的 ingap 和 pergap，且国有性质的控股股东降低公司高管薪酬内在差距和个人差距，且国有性质控制人控制的上市公司高管获得的薪酬更多地来源于其绩效薪酬，体现了高管薪酬个人差距的降低，这可能跟国有性质控制的上市公司受公司高管业绩考核办法影响以及国有性质的公司容易受政府命令的影响有关，而国有性质的实际控制人控制的上市公司高管薪酬外在差距（exgap）虽然低于非国有性质的实际控制人控制的上市公司高管薪酬外在差距，但在统计上不显著。因此这一结论与假设 4-3 相反，上市公司的实际控制人的国有性质降低了薪酬差距。

从上市公司是否设置薪酬委员会的角度看，设置了薪酬委员会的上市公司的高管薪酬差距，无论从外在差距、内在差距还是个人差距来说，都显著高于未设置薪酬委员会的上市公司高管薪酬外在公平性，这与假设 4-4c 相反，说明薪酬委员会在制定薪酬制度过程中受公司高管的影响较大，更多体现公司高管的意志，说明薪酬委员会的绩效考核机制还未发挥应有的作用。

从公司成长性角度来看，公司的成长性对高管薪酬差距无显著差异，结论未能支持假设 4-6。

从地区差异来看，东部地区的上市公司高管薪酬差距显著高于中西部地区的上市公司，验证假设 4-8a。

从公司所处的行业竞争性角度来说，竞争性行业的公司，其高管薪酬外在差距显著低于垄断行业的外在差距，而竞争性行业公司的 ingap 和 pergap 都显著高于垄断行业的 ingap 和 pergap，说明垄断行业的公司高管凭借其在行业的垄断地位,可以获得较大的非绩效薪酬,因此,从高管薪酬外在差距角度来看,结论与假设4-9相反,而从高管薪酬内在差距和个人差距角度来看,则支持假设4-9。

从会计制度环境的变动看,企业会计准则变更后的个人差距显著高于企业会计准则变更前的个人差距,说明企业会计准则在一定程度上降低了企业会计绩效,使得公司高管以会计准则来确定薪酬,使得绩效薪酬降低,从而降低了高管薪绩敏感度。会计准则变更对高管薪酬外在差距和内在差距没有显著影响。因此,结论部分支持假设4-11。

从政府薪酬管制角度来看,2009年出台的限薪令对公司高管薪酬外在差距和内在差距无显著影响,说明政府出台的限薪令没有产生显著成效,但从高管薪酬个人差距(pergap)来看,限薪令出台后的高管薪酬个人差距显著高于限薪令出台前的高管薪酬个人差距,说明了政府的限薪令是无效的。这一结论与假设4-12相反。

三、多元回归分析与假设检验

根据上述的相关系数检验和单变量的分析,对本章所提出的假设有了初步的检验,为进一步分析公司内外因素对公司高管薪酬差距的影响,本章运用模型(4-1)进行多元回归分析。模型(4-1)的全样本多元回归结果如表4-7所示。

表4-7 高管薪酬差距影响因素的多元回归分析结果

变量	预期符号	方程(1) exgap	方程(2) ingap	方程(3) pergap
jz	+	0.087*** (3.099)	0.325*** (3.393)	-0.000 (-0.063)

续表

变量	预期符号	方程（1）exgap	方程（2）ingap	方程（3）pergap
ggcgrate	+	0.672*** (2.712)	-0.532 (-0.697)	0.158*** (2.885)
ggcgd	+	0.020 (1.155)	-0.246*** (-4.222)	0.001 (0.163)
change	+	0.059*** (3.548)	0.055 (0.945)	0.012** (2.566)
rightcontr	-	-0.003*** (-5.354)	0.001 (0.642)	-0.001*** (-6.259)
negshrcrl	-	0.000 (0.343)	-0.004* (-1.696)	-0.000** (-2.455)
seperation	+	0.003*** (2.732)	0.011*** (3.105)	0.000 (1.581)
negshrs	+	0.009*** (6.577)	-0.007* (-1.675)	0.001*** (4.210)
contr	+	-0.040* (-1.753)	-0.686*** (-9.490)	-0.030*** (-5.193)
dsrs	+	0.024*** (4.486)	0.057*** (3.833)	0.004*** (3.013)
idrate	+	0.406** (2.266)	2.611*** (4.225)	0.135*** (2.955)
commit	-	0.093*** (4.291)	0.057 (0.818)	0.028*** (4.996)
jsrs	-	-0.007 (-0.976)	-0.126*** (-6.756)	-0.003* (-1.833)
ROA	+	2.835*** (16.025)	1.144** (2.083)	0.223*** (4.896)
growthd1	+	-0.016 (-1.013)	0.028 (0.552)	0.003 (0.625)
lnasset	+	0.264*** (24.107)	-0.164*** (-4.593)	-0.086*** (-33.514)

续表

变量	预期符号	方程（1）exgap	方程（2）ingap	方程（3）pergap
region	+	0.146*** (5.477)	0.145* (1.809)	0.026*** (3.592)
market	+	0.038*** (5.525)	0.044** (2.144)	0.009*** (4.628)
mpoly2	+	0.063 (1.340)	0.006 (0.047)	0.059*** (5.270)
lev	—	0.022 (0.483)	0.184 (1.018)	-0.122*** (-8.325)
accounting	+	-0.174*** (-5.534)	0.041 (0.425)	0.050*** (6.178)
paycon	—	-0.181*** (-5.493)	0.058 (0.548)	0.069*** (8.134)
_cons	—	-5.480*** (-21.372)	6.699*** (8.328)	5.236*** (89.423)
yd	—	yes	yes	yes
indd	—	yes	yes	yes
N	—	6327	6327	6327
r2	—	0.279	0.085	0.435
r2_a	—	0.274	0.079	0.43
F	—	43.016***	12.571***	118.136***

表4-7是关于高管薪酬差距影响因素的全样本回归结果，其中：exgap是高管薪酬外在差距指标，ingap是高管薪酬内在指标，pergap是高管薪酬个人差距指标。从管理者权力角度来看，总经理和董事长两职兼任（jz）的exgap和ingap系数显著为正，而pergap的系数不显著，部分验证假设4-1a，说明总经理和董事长两职兼任有助于扩大高管薪酬外在差距和内在差距，而对高管薪酬个人差距没有显著影响，结合表4-6的单变

量分析结果，基本验证假设 4-1a，即公司董事长和总经理两职兼职将扩大核心高管薪酬外在差距、内在差距和个人差距；用虚拟变量反映高管持股（ggcgd）状况，该变量的 exgap 系数和 pergap 的系数显著为正，而 ingap 的系数不显著，假设 4-1b 得到部分验证，如果用高管持股比例来反映高管持股（ggcgrate）状况，exgap 的系数和 pergap 系数为正，但是统计上不显著，ingap 的系数显著为负，结合表 4-6 的结论可以分析，高管持股将扩大高管薪酬外在差距，但降低了高管薪酬内在差距和个人差距，部分验证了假设 4-1b，一方面说明用虚拟变量来反映高管持股状况在计量上不够精细，另一方面说明高管持股在一定程度上表现为拥有一点的管理权力，使得高管薪酬外在差距的扩大，公司高管相对同行业的高管来说，可以获得相对高的薪酬，而拥有公司股票，对于公司内部其他高管来说，获得较低的货币薪酬可能可以从公司股票收益中得到补偿；高管留任（change）的 exgap 系数和 pergap 系数显著为正，与假设 4-1c 相符，而 ingap 的系数虽然为正，但是统计上不显著，部分支持假设 4-1c，说明高管留任使公司高管拥有一定的管理者权力，使得高管薪酬个人差距扩大，结合表 4-6 的结果，公司高管留任将扩大高管薪酬外在差距和个人差距。因此，综合管理者权力的四个方面，即董事长与总经理的两职合一、高管是否持股或持股多少和高管是否留任等，公司高管管理者权力对高管薪酬差距具有显著影响，公司高管拥有管理者权力将扩大高管薪酬差距。

从股权集中度来看，实际控制人的控制权（rightcontr）的 exgap 系数和 pergap 系数显著为负，而 ingap 系数为正，但不显著，部分验证了假设 4-2a，说明实际控制人的控制权对高管薪酬外在差距和个人差距起抑制作用，加强实际控制人对公司的控制，有利于提高高管薪酬降低薪酬差距；第一大股东的持股比例（negshrcr1）的 ingap 系数和 pergap 系数显著为负，exgap 系数为正，但不显著，部分验证假设 4-2b，说明提高第一大股东持股比例有利于降低公司高管薪酬内在差距和个人差距，但对降低高管薪酬外在差距没有显著作用。因此，加强实际控制人或大股东对公司的监控，有利于降低高管薪酬差距。

从股权制衡角度看，股东的控制权和现金流权分离程度（seperation）的 exgap 系数和 ingap 系数显著为正，pergap 系数为正，但统计上不显著，与假设 4-2c 基本一致，说明股东的控制权和现金流权分离程度越大，股东对高管的监控越小，从而使得高管薪酬差距的扩大；公司第二大流通股股东至第十大流通股股东持股比例总额（negshrs）的 exgap 系数和 pergap 系数显著为正，而 ingap 系数显著为负，部分支持假设 4-2d，说明中小股东对大股东制衡程度越大，导致对公司高管的监控减小，从而实现对高管薪酬外在差距和个人差距的控制，但是可以降低高管薪酬内在差距。因此，总体上看，股权制衡越小，将扩大高管薪酬外在差距和个人差距。

从实际控制人的性质来看，国有性质（contr）的 exgap 系数、ingap 系数和 pergap 系数都显著为负，支持假设 4-3，说明具有国有性质的实际控制人控制的上市公司高管薪酬差距显著低于非国有性质的实际控制人控制的上市公司的高管薪酬差距，在非国有性质控制的上市公司，高管薪酬具有较大差距。因此，结合表 4-6 的分析可以发现，实际控制人的国有性质降低了高管薪酬差距。

从公司董事会和监事会治理角度来看，董事会规模（dsrs）和独立董事比例（idrate）的 exgap 系数、ingap 系数和 pergap 系数都显著为正，与假设 4-4a 和假设 4-4b 相符，说明董事会规模越大，可能会导致其治理效率越低下，对公司高管的监控降低，从而使得高管薪酬差距扩大，同时公司核心高管基本都是公司董事会成员，这样的董事会构成可能发挥不了对公司高管的治理效率，还会对公司的独立董事选择和聘用等方面产生影响，也使得独立董事制度在发挥对高管监控方面未发挥应有的效果；是否设置薪酬委员会（commit）的 exgap 系数、ingap 系数和 pergap 系数都为正，但 ingap 系数不显著，说明中国上市公司的薪酬委员会在抑制高管薪酬差距方面没有显著作用，结合表 4-6 的分析可以发现，中国上市公司的薪酬委员会的设置扩大了高管薪酬差距。监事会规模（jsrs）的 exgap 系数、ingap 系数和 pergap 系数都显著为负，与假设 4-4d 一致，说明随着监事会规模的扩大，有利于加强对公司高管的监管，降低高管薪酬差距。因此，总体上看，公司董事会治理效率受公司高管的影响较大，影响董事会治理效率而导致高管高薪差距的扩大，监事会的治理效率的提升有助于降低高管薪酬差距。

从公司基本特征角度来看，公司绩效（ROA）的 exgap 系数、ingap 系数和 pergap 系数都显著为正，支持假设 4-5，说明公司绩效越好，为高管扩大薪酬差距提供了充分理由；公司的成长性（growthd1）的 exgap 系数、ingap 系数和 pergap 系数在统计上都不显著，与表 4-6 的结论一致，假设 4-6 未得到验证，说明公司的成长性特征对高管薪酬差距没有显著作用；公司规模（lnasset）的 exgap 系数显著为正，说明公司规模越大，公司高管薪酬外在差距显著扩大，而 ingap 系数和 pergap 系数显著为负，说明随着公司规模的扩大，高管之间的薪酬差距将会减小，公司高管因为工作努力而获得的绩效薪酬将越来越大，部分验证了假设 4-7。

从地区市场化程度来看，东西部区域因素（region）和市场化指数（market）的 exgap 系数、ingap 系数和 pergap 系数都显著为正，支持假设 4-8a 和假设 4-8b，说明地处市场化程度较高地区和东部地区的公司高管薪酬差距显著高于市场化程度较低地区和中西部地区的公司高管薪酬差距，市场化程度的提高将带来高管薪酬差距的扩大。因此，综合表4-6的分析可以发现，地区市场化程度提高总体上是扩大高管薪酬差距的。

从行业竞争性来看，行业竞争程度（mpoly2）的exgap系数、ingap系数和pergap系数都为正，但只有pergap系数在统计上显著，部分验证假设4-9，说明在竞争性行业的公司高管薪酬外在差距和内在差距都与垄断行业的公司高管薪酬外在公平性没有显著差异，而对于高管薪酬个人差距来说，行业的竞争扩大了高管薪酬个人差距。因此，综合表4-6的分析可以发现，行业竞争性在降低高管薪酬外在差距的同时扩大了高管薪酬内在差距和个人差距。

从债权人治理来看，资产负债率（lev）的exgap系数和ingap系数为正，但统计上不显著，而pergap系数显著为负，部分验证假设4-10，说明公司外部的债权人治理效率抑制高管薪酬个人差距的扩大，但对高管薪酬的外在差距和内在差距并没有显著作用。

从公司所处的会计制度环境来看，会计准则变更（accounting）的exgap系数显著为负，说明在新会计制度环境下，高管薪酬外在差距显著降低，与假设4-11相反。而ingap系数为正，但统计上不显著，pergap系数显著为正，说明在新会计制度环境下，高管薪酬内在差距和个人差距有显著扩大的趋势，部分支持假设4-11。因此，综合表4-6的分析可以发现，会计准则变更能够显著降低高管薪酬外在差距，但显著扩大高管薪酬个人差距，对高管薪酬内在差距无显著影响。

从政府薪酬管制角度来看，是否存在限薪令（paycon）的exgap系数显著为负，与假设4-12相一致，说明政府的限薪令显著降低了高管薪酬外在差距，缩小了同行业中不同公司高管之间的薪酬差距，在一定程度上看,说明政府的限薪令是有效的。而 ingap 系数为正,但统计上不显著,pergap 系数显著为正,与假设 4-12 相反,说明政府薪酬管制措施对抑制公司内部的薪酬差距和高管薪酬个人差距是无效的。因此,结合表 4-6 的分析可以发现,2009 年出台的限薪令对降低公司高管薪酬外在薪酬产生显著影响,而对降低高管薪酬内在差距和个人差距不显著,反而显著扩大高管薪酬个人差距,使得公司高管获得更多的非绩效薪酬。

四、稳健性检验

为了检验结果的稳健性,本章通过改变衡量高管薪酬差距相关指标,进行进一步的稳健性检验。首先,本书对高管薪酬外在差距的计量方法进行调整,用式(4-1)替代式(3-1)来衡量高管薪酬外在差距,其多元回归分析结果见表 4-8 中的方程(1)。其次,本书对高管薪酬内在差距的指标进行调整,将用式(4-2)替代式(3-2)来衡量高管薪酬内在差距,其多元回归分析结果见表 4-8 中的方程(2)。再次,本书用 ROA、ROE 和股票收益率(Ret)替代模型(3-1)业绩指标(lnsale)来对高管获得的绩效薪酬进行估计,并考虑到 ROA、ROE 和股票收益率(Ret)的指标特征,对确定高管薪酬个人差距的式(3-3)调整为式(4-3),通过上述替代后,其多元回归分析结果如表 4-8 方程(3)、方程(4)和方程(5)所示。最后,本书将借用 Core、Holthausen、Larcker(1999)和吴联生、林景艺和王亚平(2010)使用的管理层薪酬决定模型,运用管理层薪酬决定模型中的残差值来反映高管薪酬差距,其多元回归分析结果如表 4-8 中的方程(6)所示。

$$exgap_{it} = \frac{本公司核心高管薪酬}{同年度同行业核心高管薪酬中位数} \qquad 式(4-1)$$

$$\text{ingap}_{it} = \frac{\text{核心高管平均薪酬}}{\text{一般员工平均薪酬}} \qquad \text{式}(4-2)$$

$$\text{pergap}_{it} = \frac{\hat{\alpha}_1 \text{pay}_{it}}{\text{perf}_{it}} \qquad \text{式}(4-3)$$

表 4-8 高管薪酬公平性影响因素分析的稳健性检验

变量	方程(1) exgap	方程(2) ingap	方程(3) pergap	方程(4) pergap	方程(5) pergap	方程(6) pergap
jz	0.112*** (3.047)	1.013*** (3.587)	0.000** (2.300)	0.000 (1.102)	0.000 (0.574)	-0.001 (-0.445)
ggcgrate	0.786** (2.501)	1.826 (0.786)	0.000 (0.143)	-0.003* (-1.885)	-0.001** (-2.035)	0.068*** (4.749)
ggcgd	0.023 (1.007)	0.487*** (2.867)	-0.000** (-2.188)	0.000 (-0.353)	-0.000** (-2.224)	0.002 (1.547)
change	0.074*** (3.446)	0.601*** (3.626)	0.000 (-0.558)	-0.000*** (-2.956)	-0.000 (-1.370)	0.004*** (3.412)
rightcontr	-0.004*** (-5.087)	-0.043*** (-6.695)	-0.000 (-0.897)	0.000** (2.243)	0.000** (2.507)	-0.000*** (-6.897)
negshrcrl	-0.000 (-0.103)	-0.011* (-1.688)	0.000 (0.296)	-0.000 (-0.850)	-0.000 (-0.973)	-0.000 (-1.042)
seperation	0.004*** (2.677)	0.043*** (3.687)	0.000 (0.423)	0.000 (1.256)	-0.000 (-0.090)	0.000*** (4.526)
negshrs	0.012*** (6.640)	0.064*** (4.668)	-0.000*** (-5.520)	-0.000*** (-3.473)	0.000*** (6.677)	0.000*** (5.262)
contr	-0.061** (-2.033)	-1.696*** (-7.316)	0.000* (1.895)	0.000* (1.766)	0.000** (2.260)	-0.001 (-0.660)
dsrs	0.030*** (4.407)	0.267*** (5.310)	-0.000* (-1.655)	-0.000 (-0.503)	0.000 (0.045)	0.001*** (4.157)
idrate	0.580** (2.461)	2.153 (1.186)	0.000 (0.100)	-0.001 (-0.379)	-0.000 (-0.413)	0.031*** (2.690)
commit	0.120*** (4.286)	0.646*** (3.328)	-0.000 (-1.326)	-0.000 (-0.542)	0.000 (0.538)	0.010*** (6.361)

续表

变量	方程（1）exgap	方程（2）ingap	方程（3）pergap	方程（4）pergap	方程（5）pergap	方程（6）pergap
jsrs	-0.010	-0.291***	-0.000	-0.000	0.000	-0.000
	(-1.098)	(-4.164)	(-1.158)	(-0.972)	(0.300)	(-0.726)
ROA	3.658***	13.019***	-0.237***	-0.188***	-0.004***	0.170***
	(15.925)	(7.439)	(-33.982)	(-67.187)	(-10.761)	(14.367)
growthd1	-0.011	-0.149	0.000	0.000	0.000	0.001
	(-0.534)	(-0.938)	(0.064)	(0.234)	(0.458)	(0.640)
lnasset	0.341***	-1.580***	0.000***	0.000	0.000***	-0.002**
	(23.741)	(14.542)	(9.079)	(1.418)	(5.632)	(-2.400)
region	0.191***	0.609**	-0.000***	-0.000	-0.000	0.007***
	(5.464)	(2.126)	(-3.199)	(-1.113)	(-0.333)	(3.932)
market	0.046***	-0.047	-0.000	0.000	-0.000*	0.004***
	(5.209)	(-0.638)	(-0.563)	(1.025)	(-1.782)	(8.321)
mpoly2	0.080	2.298***	-0.000***	-0.000	-0.000***	0.008***
	(1.304)	(5.253)	(-2.619)	(-0.437)	(-2.781)	(2.913)
lev	0.027	1.220**	0.000	0.007***	0.001***	-0.010***
	(0.439)	(2.493)	(1.173)	(10.854)	(7.377)	(-2.665)
accounting	-0.203***	0.896***	0.000	0.000*	0.002***	-0.006***
	(-5.041)	(2.883)	(0.478)	(1.721)	(22.677)	(-2.622)
paycon	-0.212***	0.202	-0.000***	0.000	-0.003***	-0.002
	(-4.905)	(0.606)	(-4.770)	(0.157)	(-47.785)	(-0.948)
_cons	-7.252***	-29.795***	0.003***	-0.010***	0.004***	-0.041***
	(-21.537)	(-11.605)	(8.195)	(-4.792)	(9.255)	(-2.666)
indd	yes	yes	yes	yes	yes	yes
yd	yes	yes	yes	yes	yes	yes
N	6327	6358	6329	6320	6315	6327
r2	0.278	0.159	0.699	0.801	0.701	0.154
r2_a	0.273	0.153	0.693	0.799	0.699	0.148
F	36.748***	20.165***	187.69***	148.017***	341.672***	24.772***

从表4-8中的方程（1）~方程（6）可以看出，公司内外因素对高管薪酬差距的上述结论基本一致。

本章小结

本章首先从影响高管薪酬和高管薪酬差距的内外部因素进行了理论分析并提出了本章的研究假设，本章认为，影响高管薪酬和高管薪酬差距的内在因素包括管理者权力、公司治理和公司基本特征三个方面，其中管理者权力主要考察总经理和董事长两职兼任情况、公司高管持股状况和公司高管职位的连续性三个方面；公司治理主要考查公司股权结构、股权性质和公司董事会结构三个方面；公司基本特征主要考查公司绩效、公司规模和公司成长性特征等。本章还认为，影响高管薪酬和高管薪酬公平性的外在因素包括公司所处地区、行业竞争性、市场化程度、负债状况、会计制度环境以及政府薪酬管制等方面。

通过描述统计、相关分析、单变量均值检验和多元线性回归检验，从公司内在因素看，实证分析结果发现，拥有管理权力的公司高管将扩大高管薪酬差距；加强实际控制人或大股东对公司的监控，有利于降低高管薪酬差距；股东之间制衡的降低将扩大高管薪酬外在差距和个人差距；实际控制人的国有性质降低了高管薪酬差距；受公司高管影响的董事会治理效率将导致高管高薪差距的扩大；监事会的治理效率的提升有助于降低高管薪酬差距；公司绩效为高管扩大薪酬差距提供了充分理由，而公司的成长性特征对高管薪酬差距没有显著作用；随着公司规模的扩大将导致高管薪

第四章 高管薪酬差距的影响因素分析

酬外在差距的扩大和薪酬内在差距与个人差距的降低。

从公司外在因素看,地区市场化程度的提高总体上扩大了高管薪酬差距;行业竞争性在降低高管薪酬外在差距的同时,扩大了高管薪酬内在差距和个人差距;债权人治理将抑制高管薪酬个人差距的扩大;会计准则变更能够显著降低高管薪酬外在差距和提高高管薪酬个人差距;而2009年出台的限薪令能够显著降低公司高管薪酬外在差距,但又显著扩大了高管薪酬个人差距,使得公司高管获得更多的非绩效薪酬。

第五章 高管薪酬差距对代理成本的影响分析

第一节 理论分析与研究假设

随着经济发展和企业规模的不断扩大,企业所有权和经营权的分离是企业发展的必然选择,Berle 和 Means(1932)开创性的研究,主张企业所有者应将企业经营权利让渡给企业经营者,所有者仅保留企业所有权,倡导企业经营者所有权和经营权分离,原因在于将企业所有权和经营权合二为一存在极大的弊端,于是,两位学者提出"委托代理理论"。由于所有者和经营者之间的目标函数的不完全一致性和信息不对称性,在企业所有者和经营者之间所形成的委托代理关系将产生代理成本问题。Jensen 和 Meckling(1976)进行了开拓性的实证代理理论的研究,并赋予代理成本的概念和内容,认为委托代理关系是一种契约,在这种契约下,一个人或更多的人(即委托者)聘用另一个人(即代理人)代表他们来履行某些服务，包括一些决策权。如果委托代理关系的双方都是效用最大化者，就有充分的理由相信，代理人不会总是以委托人的最大利益为行动目标。于是就形成了代理成本问题。代理成本主要包括委托人的监督支出、代理人的保证支出和剩余损失支出三个方面。从此，如何缓解委托代理关系，降低代理成本，从而提升公司价值，成为了学术界和实务领域的热点问题。

Jensen（1986）指出，将企业自由现金流以股利方式返还给股东，可以减少经营者的自由现金流所引起的代理成本。Lamber 等（1989），Fenn 和 Liang（2001）则认为，管理层以持股方式获得薪酬是缓解自由现金流代理成本的一种替代选择。Holmstrom 和 Milgrom（1991）认为薪酬契约具有分散风险和奖励高效工作的双重功效，当代理人有规避风险的倾向时，薪酬是一种降低代理成本的有效途径。吴联生、林景艺和王亚平（2010），吴育辉和吴世农（2011），黄福广、李广和李西文（2011）在总结前人研究的基础上，认为高管薪酬是企业对高管进行激励的常用和重要手段，有效的薪酬契约能够激励高管努力工作，可以降低代理成本。

周中胜（2008）研究发现，提高管理层薪酬能够减少自由现金流量所引致的代理成本。锦标赛理论认为，薪酬差距对于提高经营者的积极性，促使企业的经营者之间相互监督，减少所有者对经营者的监督成本有积极作用。近年来的实证研究表明，薪酬差距的作用效果符合锦标赛理论。林浚清、黄祖辉和孙永祥（2003）指出，大薪酬差距有利于降低代理成本，从而提升上市公司的绩效。鲁海帆（2007）根据中国上市公司的相关数据，研究认为，薪酬差距对上市公司当年业绩有显著的正向影响。

但是，目前对于高管薪酬与代理成本之间的关系，也存在不一致的看法，Depken（2006）研究发现，美国经理人员的现金薪酬与代理成本显著正相关,而 Firth(2008)则认为上市公司管理者薪酬与代理成本显著负相关。在中国的儒家文化背景下,大多数主张"不患寡而患不均"的平均主义思想,因而认为薪酬差距过大是一种薪酬不公平的表现,根据行为理论,薪酬差距会损害其他经营者或一般员工的公平感,不利于薪酬差距发挥其正面作用。组织理论认为,薪酬差距特别是高管团队内部的薪酬差距,会使有些管理者心存不满,因而薪酬差距有损管理层内部的公平感,可能导致有些公司高管的机会主义行为。Shaw 等(2002)研究发现,当薪酬差距因为非正式的规则或其他不明原因发生时,其带来的负面效果将会放大。

因此,根据本书对高管薪酬差距的界定,结合上述理论和实务的研究证据,本章提出以下假设:

假设 5-1:高管薪酬外在差距越大,代理成本越小,高管薪酬内在差距越大,代理成本越小。

本书界定高管薪酬个人差距,是指高管薪酬的构建性比较,是以高管自身构建的薪酬水平作为参照对象,企业给付高管的薪酬与其构建的薪酬水平之间形成的差距。企业高管将根据其先天禀赋、知识经验、人际关系、发展潜力、受教育程度等方面因素,构建其想象中的薪酬水平。

根据马克思的按劳分配理论观点,"公平是确保社会的每个人平等享有作为人的基本权利的价值实现,认为公平具有历史性和相对性"①,强调公平应以同一尺度统一标准来衡量,而这个统一标准就是劳动。以劳动为公平的标准,承认个人劳动能力以及与其相关的利益差别是个人天然的权利,要求不同的个人和不同的团体之间具有明确的利益界限和权利界

---

① 王传峰. 马克思的公平理论及其时代价值[J]. 求实,2010(3).

限,多劳多得,少劳少得,有劳动能力不劳则不得,即按劳分配,以劳动来衡量才是公平的。由于权利平等的相对性,劳动者先天禀赋等方面存在的差异而引起分配结果的不平等,恰恰是公平分配的体现。因而对于劳动者,不论是公司高管还是一般员工,当所获得的劳动报酬能与其付出的劳动相匹配时,这就是一种公平的体现,相对于公司高管来说,当其所获得的薪酬与其劳动相匹配时,公司高管获得的薪酬中,大部分应为劳动薪酬,则公司给付高管的薪酬与其构建的薪酬水平之间形成的差距将越小。高管薪酬个人差距较大时,说明高管薪酬有较多的薪酬部分并非来源于高管对公司的贡献的原因而获得的薪酬。

因此,本章提出以下假设:

假设5-2:高管薪酬个人差距与代理成本正相关,即高管薪酬个人差距越大,代理成本越大。

第二节 样本选择与研究设计

一、样本选择与数据来源

本书以2005~2011年在中国A股市场上市的公司为研究样本,并按照以下步骤对研究样本进行选择和处理:

(1)剔除了金融、保险类上市公司,因为金融、保险行业经营业务和执行的会计准则具有特殊性,从图3-5中也可以发现,金融类企业高管薪酬和员工薪酬与其他行业有显著的差异。

（2）剔除交叉发行 B 股和 H 股的上市公司，因为 A 股与 B 股、H 股之间存在制度环境差异。

（3）剔除在沪深两市交易的中小板和创业板的上市公司，因为中小板企业和创业板企业在企业规模和上市时间方面与主板市场的企业存在差异。

（4）剔除 ST、*ST 以及 PT 的上市公司，因为被中国证监会警示的 ST 和 *ST 公司的生产经营往往受较大的非正常因素干扰。

（5）剔除资产负债率大于 100% 的上市公司，即资不抵债的极端值。

（6）剔除上市不满 2 年和当年刚进行 IPO 样本公司，因为公司经营绩效往往会受到公司刚上市和 IPO 的影响，高管薪酬不具有可比性。

（7）剔除核心高管年薪低于 3 万元的奇异值公司。

（8）剔除只有一个年度且不连续的样本公司。

（9）剔除模型中变量数据缺失的样本公司。

本书研究中所采用的数据主要来自上市公司年度报告、国泰安数据库（CSMAR）和锐思数据库（RESSET），有关中国市场化指数的相关数据来源于樊纲、王小鲁、朱恒鹏《中国市场化指数：各地区市场化相对进程 2011 年报告》。使用的统计软件为 STATA11.0、Excel 等统计软件。

二、模型设计

根据前面的假设与分析，本书建立模型（5-1），用于检验薪酬差距对代理成本的影响。

$$\text{agency}_{i,t+1} = \alpha_0 + \alpha_1 \text{gap}_{it} + \alpha_2 \text{perf}_{it} + \alpha_3 \text{pay}_{it} + \alpha_4 \text{rightcontr}_{it} + \\ \alpha_5 \text{idrate}_{it} + \alpha_6 \text{dsrs}_{it} + \alpha_7 \text{lev}_{it} + \alpha_8 \text{size}_{it} + \sum_{i=1}^{19} \beta_{it} \text{indd}_{it} +$$

$$\sum_{i=1}^{6} \gamma_{it} y d_{it} + \varepsilon_{it} \qquad 模型(5-1)$$

三、变量设定

(一)被解释变量

被解释变量为代理成本(agency),对于目前作为代理成本的代理变量主要有四类:销售与管理费用率(Ang, Cole & Lin, 2000)、总资产周转率(Ang, Cole & Lin, 2000;Singh & Davidson, 2003)、现金股利支付率(Belden, 2005)和内部股权比例(Roseff, 1982;Sung et al., 1994)等,吕长江(2002),金学勇(2005),张兆国(2008),李明辉(2009)和杜兴强(2011)等都是沿用了这些指标,陈冬华(2005)则采用在职消费作为代理成本的代理指标。本书将采用总资产周转率(assetto)和管理费用率(manexepra)表示代理成本。为了防止内生性问题,在进行回归分析时,采用下一期的总资产周转率(assetto)和管理费用率(manexepra)以反映薪酬差距对代理行为的影响作用。总资产周转率(assetto)越高,说明公司高管努力程度越大,资产管理效率越高,代理成本越小。管理费用率(manexepra),即公司管理费用总额与营业收入的比率越小,公司高管控制成本开支方面成效越显著,代理成本越小。

(二)解释变量

解释变量为高管薪酬差距(gap),计算公式如第三章的式(3-1)、式(3-2)和式(3-3),即分别用高管薪酬外在差距、内在差距和个人差距来作为高管薪酬差距具体的代理变量。

(三)控制变量

Denis 和 McConnell(2003)认为,为了降低所有者与经营者之间的代理成本,需要设计一整套公司治理机制,包括董事会构成、管理层薪酬契约、所有权结构和公司控制权市场等方面。因此,为保证研究结果的可靠性,本书从管理层薪酬契约、董事会治理、所有权或控制权治理等方面,结合公司本身对影响代理成本的因素进行了控制。主要控制变量包括:

高管薪酬契约(pay),本书用核心高管的薪酬总额的自然对数(lnt3pay)来衡量。对于公司高管来说,制定与绩效相挂钩的薪酬契约,有利于减少所有者与管理者的代理冲突。因此,代理理论认为,管理者薪酬水平越高,越有利于降低企业的代理成本。但目前的研究表明,高管薪酬与代理成本的关系并不一致,Jensen 和 Muphy(1990)认为,管理者报酬水平与企业绩效有显著的弱相关关系。Depken(2006)研究发现,美国经理人员的现金薪酬与代理成本显著正相关,徐向艺、王俊韡和巩震(2007)认为,中国上市公司管理者的薪酬水平越高,企业的代理成本越低。Firth(2008)采用美国数据研究发现,上市公司管理者薪酬与代理成本显著负相关。

所有权或控制权治理,本书采用实际控制人控制权比例(rightcontr)来衡量。一般来说,大股东持股比例较高时,大股东或控股股东的利益将与公司整体利益产生矛盾的可能性较小,将趋于一致,因此,大股东或控股股东为保护自身利益,往往有强的动机和能力去监督经营者,减少"用脚投票"和"搭便车"的动机,因而有利于加强对经营者的监管,有利于降低代理成本。Jensen(1986),Philip(1995),张兆国、宋丽梦和张庆(2005)等的实证研究发现,第一大股东持股比例与代理成本呈负相关,但统计上并不显著。宋力和韩亮亮(2005)的实证证据表明,公司代理成本与股权集中度呈显著负相关,与股权制衡呈显著正相关。同时,也发现了一些互为矛盾的证据,如张兆国、宋丽梦和张庆(2005)

同时发现，国家股比例和流通股比例与股权代理成本呈显著正相关，而唐雪松和周晓苏（2005）的实证研究发现，最终控制人的性质对代理成本并没有显著影响，但最终控制权比例却对代理成本有显著的反向影响。

董事会治理，本书从董事会规模和董事会构成两方面来反映董事会治理，董事会规模用董事会董事人数（dsrs）来衡量，董事会构成用独立董事占董事会的董事人数比例（idrate）来衡量。Fama 和 Jensen（1983）认为，董事会在监督经营者的行为过程中，起着重要作用。但是，董事会规模与代理成本的关系，目前有两种观点。Jensen（1993）和 Singh 等（2003）认为董事会的规模与代理成本正相关，随着董事会规模的扩大，董事会监管经营者的难度加大，从而导致代理成本的上升。在中国，高雷和宋顺林（2007）发现，大规模的董事会比小规模的董事会更有利于分工，发挥监督作用，从而减少代理成本。而独立董事，从理论分析和制度设计来说，独立董事可以约束经营者的随意决策权，提高决策的科学性有利于降低代理成本，Coles 等（2003）发现，选聘名誉好的独立董事对监督经营者行为非常有效。蔡吉甫（2007）实证发现，独立董事可以有效降低代理成本。但是，独立董事的选聘和任用与经营者又无不存在关联，因而独立董事的独立性往往受到质疑，McKnight 等（2007）发现，独立董事比例与代理成本没有显著关系。

债权人治理，本书采用资产负债率（lev）来衡量，代理理论认为，债务资金作为一种治理机制，可以起到抑制公司管理层道德风险，降低公司代理成本的作用，John（1993）认为，在负债比较高的公司中，公司高管的薪酬契约可能会降低薪绩敏感度，从而减少负债可能产生的代理成本，但另外，债权人治理毕竟是公司外部治理机制，其治理效果如何，有赖于内部治理机制的发挥，因此也有证据表明，随着公司负债比率的提

高,负债的代理成本会随之增加(Gavish & Kalay,1983)

公司自身因素,本书从公司绩效和公司规模来反映公司自身因素对代理成本的影响,公司绩效用总资产收益率(ROA)来衡量,公司规模用公司资产的自然对数(lnasset)来衡量。公司绩效与代理成本往往被认为具有内生性。而公司规模越大,越有可能获得规模经济,交易费用越小,从而代理成本越小。但是,公司规模大,将导致股东对经营者的监督难度加大,加剧信息的不对称性,从而增加代理成本。

行业因素(indd),本书在样本选择过程中剔除了金融类的公司,考虑到制造类企业比较多,因而将制造类企业按照行业编码的前两位进行细分,并且将公司较少的行业进行了合并处理,因此引入了20个虚拟变量。

年度因素(yd),本书选择了2005~2011年里的公司作为样本公司,因此引入了6个虚拟变量。

具体变量定义和计算参见表4-1。

第三节 实证分析与结果讨论

一、描述性统计

表5-1是主要变量的描述性统计结果,从表5-1中可以看出,总资产周转率(assetto$_{t+1}$)均值为0.768,标准差为0.624,中位数为0.627,分布呈现右偏态势,最大值为7.651,最小值为0.001,极值偏离较大,可能存在奇异值;高管薪酬外在差距(exgap)的均值为1,中位数为

0.802，分布呈现右偏态势，最大值为12.391，最小值为0.043，极值偏离较大，可能存在奇异值；高管薪酬内在差距（ingap）的分布与高管薪酬外在差距类似，分布呈现右偏态势，极值偏离较大，可能存在奇异值；而高管薪酬个人差距（pergap）的均值为3.651，中位数为3.644，标准差较小，为0.231，最大值和最小值的极差较少，呈现正态分布态势。公司绩效（ROA）均值为0.037，标准差为0.063，中位数为0.032，分布呈现左偏态势，最大值为1.284，最小值为-0.620，极值偏离较大，可能存在奇异值；高管薪酬（lnt3pay）的均值14.393，标准差为0.829，分布比较集中；实际控股人控制权（rightcontr）的均值为37.381，标准差为15.324，中位数为36.095，分布较集中，但是极值偏离较大，可能存在奇异值；独立董事比例（idrate）均值为0.357，标准差为0.048，中位数为0.333，分布较为集中；董事会规模（dsrs）均值为9.346，标准差为1.918，中位数为9，分布较为集中；资产负债率（lev）的均值为0.509，标准差为0.176，分布较集中，但是极值偏离较大，可能存在奇异值；公司规模（lnasset）的均值为21.638，标准差为1.030，分布较为集中。

表5-1 主要变量描述性统计

变量	公司数	均值	标准差	最小值	中位数	最大值
$assetto_{t+1}$	4980	0.768	0.624	0.001	0.627	7.651
expag	4980	1.000	0.861	0.043	0.802	12.391
inpag	4980	3.917	3.222	0.796	3.224	96.133
pergap	4980	3.651	0.231	2.793	3.644	4.711
ROA	4980	0.037	0.063	-0.620	0.032	1.284
lnt3pay	4980	14.393	0.829	10.594	14.401	17.511

续表

变量	公司数	均值	标准差	最小值	中位数	最大值
rightcontr	4980	37.381	15.324	1.49	36.095	100
idrate	4980	0.357	0.048	0.083	0.333	0.625
dsrs	4980	9.346	1.918	4	9	19
lev	4980	0.509	0.176	0.009	0.525	1
lnasset	4980	21.638	1.030	18.322	21.561	26.156

二、相关性检验

表 5-2 是主要变量的相关性检验结果，从表 5-2 中可以看出，除了公司规模（lnasset）与高管薪酬（lnt3pay）的相关系数超过 0.4 外，其他的相关系数都较小，说明主要变量之间不存在严重的共线性问题。并且，总资产周转率（$assetto_{t+1}$）与高管薪酬外在差表距（exgap）之间的相关系数显著为正，初步验证本章的假设 5-1。总资产周转率（$assetto_{t+1}$）与高管薪酬个人差距（pergap）之间的相关系数显著为负，也初步验证了本章的假设 5-2，但是总资产周转率（$assetto_{t+1}$）与高管薪酬内在差距（ingap）的相关系数为负，但是在统计上不显著，需进一步检验。

表 5-2 主要变量相关性检验

变量	$assetto_{t+1}$	exgap	ingap	pergap	ROA	lnt3pay
$assetto_{t+1}$	1	0.1784***	-0.0183	-0.3850***	0.1569***	0.1533***
exgap	0.123***	1	0.1886***	0.3980***	0.3274***	0.8186***
ingap	-0.016	0.093***	1	0.2861***	0.0452***	-0.0776***
pergap	-0.352***	0.347***	0.177***	1	0.0820***	0.3833***

续表

变量	assetto$_{t+1}$	exgap	ingap	pergap	ROA	lnt3pay
ROA	0.129***	0.254***	0.004	0.037***	1	0.3487***
lnt3pay	0.128***	0.718***	-0.092***	0.399***	0.296***	1
rightcontr	0.066***	0.023	-0.011	-0.224***	0.133***	-0.007
idrate	-0.037***	-0.012	0.062***	0.070***	-0.015	0.044***
dsrs	0.069***	0.140***	-0.048***	-0.130***	0.052***	0.186***
lev	0.101***	0.032**	-0.028**	-0.252***	-0.270***	0.075***
lnasset	0.071***	0.338***	-0.062***	-0.385***	0.180***	0.475***

变量	rightcontr	idrate	dsrs	lev	lnasset
assetto$_{t+1}$	0.0785***	-0.0326**	0.0964***	0.1130***	0.0470***
exgap	0.0478***	0.0034	0.1484***	0.0372***	0.3783***
ingap	-0.1035***	0.0738***	-0.0188	-0.0519***	-0.1053***
pergap	-0.2150***	0.0567***	-0.1291***	-0.2511***	-0.3681***
ROA	0.1713***	-0.0123	0.0464***	-0.2981***	0.2023***
lnt3pay	-0.001	0.0328**	0.1824***	0.0754***	0.4690***
rightcontr	1	-0.0316**	0.0257*	-0.0041	0.2293***
idrate	-0.026*	1	-0.1921***	0.0048	0.0341**
dsrs	0.033**	-0.234***	1	0.0984***	0.2096***
lev	-0.012	-0.002	0.098***	1	0.3238***
lnasset	0.267***	0.025*	0.228***	0.313***	1

注：下三角为 pearson 相关系数检验，上三角为 spearman 相关系数检验。

三、多元回归分析与假设检验

（一）全样本回归分析

表 5-3 是模型（5-1）的回归结果，从表 5-3 中可以看出，在回归方程（1）里，expag 的系数与预期符号相一致，即高管薪酬外在差距越大，企业的资产周转率越快，代理成本越小，验证假设 5-1 成立，同时 ingap 的系数与预期符号也一致，即高管薪酬内在差距越大，企业资产

周转率越快,企业代理成本越小,再一次验证假设5-1成立。其他控制变量,公司绩效(ROA)的系数显著为正,说明上一年的公司绩效越好,越有利于降低下一年度的代理成本。高管薪酬(lnt3pay)的系数显著为正,说明高管薪酬的提高,有利于减低代理成本,这同徐向艺、王俊韠和巩震(2007)与Firth(2008)的结论相一致;实际控制人控制权(right-contr)的系数显著为正,说明随着大股东或控股股东的控股比例的提高,有利于加强对公司高管的监督,降低代理成本;董事会规模(dsrs)的系数显著为正,说明随着董事会规模的扩大,有利于降低公司的代理成本,与高雷和宋顺林(2007)的观点相一致;资产负债率(lev)的系数显著为正,说明在中国的上市公司的债权人治理能够有效发挥治理机制,降低公司代理成本,也支持John(1993)的观点。公司规模(lnasset)的系数显著为负,说明随着公司规模的扩大,将会出现越来越严重的代理成本问题。而独立董事比例(idrate)的系数为负,但统计上不显著,说明中国上市公司的独立董事制度在降低代理成本上还未发挥作用或作用不显著。

表5-3 高管薪酬差距对代理成本的影响检验结果

变量	预期符号	回归方程(1) $asset o_{t+1}$	回归方程(2) $asset o_{t+1}$	回归方程(3) $asset o_{t+1}$
exgap	+	0.037** (1.992)	—	—
ingap	+	—	0.013*** (3.573)	—
pergap	−	—	—	−2.307*** (−39.286)

第五章 高管薪酬差距对代理成本的影响分析

续表

变量	预期符号	回归方程（1）assetto$_{t+1}$	回归方程（2）assetto$_{t+1}$	回归方程（3）assetto$_{t+1}$
ROA	+	1.371***	1.362***	0.617***
		(9.191)	(9.022)	(4.969)
lnt3pay	+	0.048**	0.084***	0.562***
		(2.535)	(7.225)	(34.871)
rightcontr	+	0.003***	0.003***	0.002***
		(5.791)	(5.919)	(5.543)
idrate	+	-0.100	-0.137	0.063
		(-0.664)	(-0.893)	(0.529)
dsrs	+	0.010**	0.009**	-0.013***
		(2.512)	(2.245)	(-4.036)
lev	+	0.489***	0.487***	0.179***
		(9.401)	(9.365)	(4.246)
lnasset	+	-0.018*	-0.017*	-0.386***
		(-1.918)	(1.789)	(-31.327)
_cons	?	-0.367	-0.919***	9.247***
		(-1.294)	(-4.452)	(30.812)
indd	—	yes	yes	yes
yd	—	yes	yes	yes
N	—	4980	4980	4980
r2	—	0.252	0.254	0.501
r2_a	—	0.248	0.249	0.498
F	—	79.398***	79.377***	110.396***

从回归方程（2）中可以发现，高管薪酬个人差距（pergap）的系数显著为负，即高管薪酬个人差距越大，企业资产周转率越小，资产管理效率下降，代理成本提高，再次验证假设6-2成立。因此，也可以认为，提高高管薪酬中的绩效薪酬比例，使公司高管对公司所作出的贡献给予认可，高管薪酬与绩效相匹配，将提高公司高管薪酬满意度，激发公司高管

的工作努力的积极性,从而有利于降低代理成本。除了董事会规模(dsrs)之外,在回归方程(2)中的其他控制变量的作用和性质与回归方程(1)一致,说明在中国上市公司里,董事会规模控制在什么程度,才对代理成本有一致结论,还需进一步地研究检验。

本书为了上述结论的稳健性,用管理费用率(manexepra$_{t+1}$)作为资产周转率的替代变量,进行相关的稳健性检验,检验结果如表5-4所示。从表5-4中可以看出,exgap系数在10%的显著性水平上显著为负,与预期符号相同,说明高管薪酬外在差距越大,企业管理费用率越低,代理成本越小,从高管薪酬内在薪酬(ingap)角度看,也得到类似的结论,因而支持假设5-1。pergap的系数显著为正,说明高管薪酬个人差距越大,管理费用率越大,代理成本越高,因而支持假设5-2。

表5-4 高管薪酬差距对代理成本的影响的稳健性测试

变量	预期符号	方程(1) manexepra$_{t+1}$	方程(2) manexepra$_{t+1}$	方程(3) manexepra$_{t+1}$
expag	-	-0.006* (-1.850)	—	—
inpag	-	—	-0.000*** (-2.643)	—
perpag	+	—	—	0.206*** (19.946)
ROA	-	-0.233*** (-8.908)	-0.229*** (-8.720)	-0.157*** (-6.790)
lnt3pay	-	-0.002 (-0.915)	0.003* (1.792)	-0.040*** (-14.439)
rightcontr	-	-0.000*** (-4.377)	-0.000*** (-4.330)	-0.000*** (-3.844)

续表

变量	预期符号	方程（1）manexepra_{t+1}	方程（2）manexepra_{t+1}	方程（3）manexepra_{t+1}
idrate	-	0.024 (1.116)	0.023 (1.093)	0.010 (0.498)
dsrs	-	0.000 (0.528)	0.000 (0.213)	0.002*** (4.039)
lev	-	-0.077*** (-9.509)	-0.077*** (-9.529)	-0.049*** (-6.652)
lnasset	-	-0.017*** (-11.961)	-0.017*** (-11.965)	0.016*** (7.768)
_cons	?	0.540*** (12.969)	0.463*** (15.256)	-0.426*** (-8.398)
indd	—	yes	yes	yes
yd	—	yes	yes	yes
N	—	4979	4979	4979
r2	—	0.208	0.207	0.31
r2_a	—	0.202	0.201	0.306
F	—	27.09***	27.164***	37.387***

（二）分类回归分析

通过上一节的研究分析发现，公司高管薪酬差距，无论是高管薪酬外在差距、内在差距还是个人差距，都对代理成本显著影响，当企业面临不同的内部和外部环境，这些因素将会对高管薪酬差距与代理成本的作用机制有什么样的影响呢？本书将从管理者权力、股权性质、区域位置、成长阶段和行业特征五个方面来分析不同的企业环境对高管薪酬差距的作用机制的影响。

1. 按管理者权力分类回归分析

管理者权力理论认为，公司高管可以凭借自身在企业所具有的专家权力、声望权力、结构权力和所有权权力等方式来控制公司行为，进而影响自己的薪酬。高管的权力越大，越有可能依靠权力来自定薪酬，改变高管薪酬差距的大小和表现形式，从而影响代理成本。董事长和总经理两职合一，即同一个人担任董事长和总经理是典型的管理者权力的表现。本书以公司董事长和总经理两职是否合一为标准，将公司划分为高权力公司和低权力公司，两职合一的公司属于高权力组，两职不合一的公司属于低权力组。表5–5为管理者权力对高管薪酬差距与代理成本影响的作用对比结果。

从表5–5中可以看出，方程（1）和方程（2）的解释变量exgap系数有着明显差别，在方程（1）中exgap的系数为正，但不显著，在方程（2）中，exfair的系数为正，且在1%的显著性水平上显著，说明在公司高管拥有管理者权力时，扩大薪酬外在差距对降低代理成本没有显著作用，而在公司高管不拥有管理者权力时，提高薪酬差距有利于降低代理成本。

从表5–5的方程（1）和方程（2）还可以发现，公司绩效（ROA）、董事会规模（dsrs）和资产负债率（lev）的系数都显著为正，说明无论在高管理者权力还是低管理者权力的公司，提高公司绩效和扩大董事会规模以及增加债务都有利于降低代理成本；提高高管薪酬（lnt3pay）和实际控制人的控制权（rightcontr）在低管理者权力公司里有利于降低代理成本，而在高管理者权力公司里没有显著影响；扩大公司规模（lnasset）在低管理者权力的公司里，会显著加重代理成本，而在高管理者权力的公司里加重代理成本的效果不显著。

从表5–5中的方程（3）和方程（4）可以看出，高管薪酬内在差距（ingap）对公司代理成本的影响与高管薪酬外在差距（exgap）对代理成本的影响是类似的，高管拥有较高的管理者权力时，提高薪酬内在差距对降低代理成本没有显著作用，而在公司高管拥有较小的管理者权力时，提高薪酬内在差距有利于降低代理成本。在考虑高管薪酬内在差距的因素的条件下，其他因素对代理成本的影响与考虑高管薪酬外在差距的条件下类似。

表5-5 高管薪酬差距对代理成本影响的管理者权力回归分析结果

被解释变量 $assetto_{t+1}$	方程（1）高权力组	方程（2）低权力组	方程（3）高权力组	方程（4）低权力组	方程（5）高权力组	方程（6）低权力组
exgap	0.008 (0.157)	0.045** (2.217)	—	—	—	—
ingap	—	—	0.006 (0.719)	0.016*** (3.652)	—	—
pergap					-2.021*** (-11.682)	-2.345*** (-37.329)
ROA	1.099*** (2.749)	1.445*** (8.866)	1.114*** (2.796)	1.429*** (8.664)	0.294 (0.989)	0.678*** (4.967)
lnt3pay	0.069 (1.475)	0.043** (2.062)	0.077*** (3.109)	0.086*** (6.660)	0.549*** (11.881)	0.564*** (32.511)
rightcontr	-0.001 (-1.002)	0.003*** (6.100)	-0.001 (-0.980)	0.003*** (6.211)	0.000 (-0.366)	0.002*** (5.735)
idrate	0.718 (1.550)	-0.155 (-0.965)	0.723 (1.563)	-0.204 (-1.254)	0.343 (0.925)	0.063 (0.502)
dsrs	0.035*** (3.222)	0.008* (1.894)	0.035*** (3.256)	0.007 (1.574)	-0.010 (-1.181)	-0.013*** (-3.747)
lev	0.321** (2.447)	0.518*** (9.121)	0.322** (2.448)	0.514*** (9.074)	0.058 (0.525)	0.198*** (4.320)
lnasset	-0.003 (-0.119)	-0.024** (-2.405)	-0.003 (-0.125)	-0.022** (-2.234)	-0.356*** (-8.585)	-0.394*** (-30.302)

续表

被解释变量 assetto$_{t+1}$	方程(1)高权力组	方程(2)低权力组	方程(3)高权力组	方程(4)低权力组	方程(5)高权力组	方程(6)低权力组
_cons	-0.578	0.290	-0.691	-0.322	7.823***	9.643***
	(-0.834)	(0.930)	(-1.179)	(-1.342)	(8.371)	(29.933)
indd	yes	yes	yes	yes	yes	yes
yd	yes	yes	yes	yes	yes	yes
N	544	4436	544	4436	544	4436
r2	0.388	0.246	0.388	0.248	0.582	0.497
r2_a	0.351	0.24	0.351	0.242	0.556	0.494
F	24.467***	66.018***	25.293***	66.35***	30.109***	95.037***

从表5-5中可以看出，方程(5)和方程(6)的解释变量pergap不存在着明显差别，该变量的系数都显著为负，说明无论在高管理者权力公司和还是在低管理者权力公司，降低高管薪酬个人差距性都有利于降低代理成本，高管薪酬个人差距对公司代理成本的影响机制并未受到高管权力大小的影响。

从表5-5中的方程(5)和方程(6)还可以发现，在考虑高管薪酬个人差距的条件下，提高高管薪酬(lnt3pay)和减小公司规模(lnasset)有利于降低代理成本；提高公司绩效(ROA)、增加实际控制人的控制权(rightcontr)、减小董事会规模(dsrs)和提高债权人治理效率(lev)在低管理者权力的公司里有助于降低代理成本，而在公司高管拥有较高管理者权力的公司里则无显著影响。

2. 按股权性质分类回归分析

中国上市公司的实际控制人是具有国有股或国有法人股性质，是中国上市公司的重要特征，从表4-3中可以看出，中国上市公司里有68.3%的实际控制人是国有或政府等政治背景。国有性质的公司，其高管薪酬契约与非国有性质的公司有着显著差异,因此薪酬契约对代理成本也将产生影响。本书以实际控制人是否具有国有性质为标准,将公司划分为国有控股型公司和非国有控股型公司,实际控制人具有国有性质的公司属于国有控股型公司,实际控制人不具有国有性质的公司属于非国有控股型公司。表5-6是股权性质对高管薪酬差距与代理成本影响作用的对比结果。

表5-6 高管薪酬差距对代理成本影响的股权性质回归分析结果

被解释变量 $assetto_{t+1}$	方程(1) 国有控股型	方程(2) 非国有控股型	方程(3) 国有控股型	方程(4) 非国有控股型	方程(5) 国有控股型	方程(6) 非国有控股型
exgap	0.074*** (3.283)	-0.013 (-0.412)	—	—	—	—
ingap	—	—	0.033*** (6.176)	-0.009* (-1.681)	—	—
pergap	—	—	—	—	-2.451*** (-33.690)	-2.063*** (-19.873)
ROA	1.091*** (5.878)	2.001*** (7.969)	1.046*** (5.686)	1.998*** (7.769)	0.519*** (3.397)	0.785*** (3.764)
lnt3pay	0.046** (2.129)	0.037 (0.997)	0.120*** (9.295)	0.024 (1.071)	0.603*** (31.506)	0.490*** (16.252)
rightcontr	0.003*** (4.491)	0.002** (2.235)	0.003*** (4.709)	0.002** (2.281)	0.002*** (4.770)	0.003*** (3.686)
idrate	-0.066 (-0.349)	-0.199 (-0.814)	-0.167 (-0.869)	-0.174 (-0.700)	-0.033 (-0.233)	0.219 (1.078)
dsrs	0.004 (0.790)	0.019** (2.516)	0.001 (0.154)	0.020*** (2.625)	-0.017*** (-4.435)	0.002 (0.412)
lev	0.530*** (8.675)	0.490*** (5.276)	0.517*** (8.540)	0.487*** (5.226)	0.181*** (3.635)	0.203*** (2.654)
lnasset	-0.029*** (-2.673)	-0.022 (-1.279)	-0.026** (-2.390)	-0.023 (-1.282)	-0.406*** (-27.375)	-0.364*** (-16.075)
_cons	0.313 (0.946)	-0.198 (-0.444)	-0.735*** (-3.029)	-0.016 (-0.048)	9.653*** (27.124)	8.635*** (17.027)

续表

被解释变量 assetto$_{t+1}$	方程（1）国有控股型	方程（2）非国有控股型	方程（3）国有控股型	方程（4）非国有控股型	方程（5）国有控股型	方程（6）非国有控股型
indd	yes	yes	yes	yes	yes	yes
yd	yes	yes	yes	yes	yes	yes
N	3375	1605	3375	1605	3375	1605
r2	0.295	0.221	0.304	0.222	0.532	0.471
r2_a	0.288	0.206	0.297	0.207	0.527	0.461
F	60.703***	27.922***	62.162***	27.204***	85.698***	34.779***

从表5-6中可以看出，高管薪酬外在差距（exgap）与高管薪酬内在差距（ingap）对公司代理成本的影响，在国有控股型公司和非国有控股型公司的作用一样。在国有控股型公司里，高管薪酬外在差距（exgap）的系数和高管薪酬内在差距（ingap）的系数都显著为正，即方程（1）和方程（3），而在非国有控股型公司里，高管薪酬外在差距（exgap）的系数和高管薪酬内在差距（ingap）的系数都为负，即方程（2）和方程（4），只是显著性水平存在差异。说明在国有控股型公司里，扩大高管薪酬外在差距和内在差距对降低代理成本有显著作用，但在非国有控股型公司里，提高薪酬外在差距和内在差距不但不能降低，反而会显著地加重代理成本。

从表5-6中的方程（1）、方程（2）、方程（3）和方程（4）还可以发现，公司绩效（ROA）、实际控制人的控制权（rightcontr）和资产负债率（lev）的系数都显著为正，说明无论在国有控股型还是非国有控股型公司里，提高公司绩效和实际控制人的控制权以及增加债务都有利于降低代理成本；而提高高管薪酬（lnt3pay）和适当减小公司规模（lnasset）

在国有控股型公司里有利于降低代理成本，而在非国有控股型公司里没有显著影响；在非国有控股型公司里，扩大公司董事会规模（dsrs）也有利于形成合力抗衡管理者权力，降低代理成本，而在国有控股型公司没有这种效应。

从表5-6中可以看出，方程（5）和方程（6）的解释变量pergap的系数不存在明显差别，该变量的系数都显著为负，说明无论在国有控股型还是非国有控股型公司里，降低高管薪酬个人差距都有利于降低代理成本，高管薪酬个人差距对代理成本的影响机制并不随着实际控制人的产权属性而发生改变。从其他变量来看，在考虑高管薪酬个人差距的条件下，其他因素对代理成本的影响某些差异，从方程（5）和方程（6）可以发现，在实现高管薪酬内在公平性的条件下，提高公司绩效（ROA）、高管薪酬（lnt3pay）扩大实际控制人的控制权（rightcontr）以及适当增加公司债务（lev）和减小公司规模（lnasset）有利于降低代理成本；减小董事会规模（dsrs）在国有控股型公司里有助于降低代理成本，而在非国有控股型的公司没有显著效应。

3. 按地区分类回归分析

樊刚、王小鲁和朱恒鹏（2011）指出，中国各个地区经济发展水平与市场化程度存在明显差异。市场化程度不同必然会对高管薪酬水平、结构和差距产生影响。李增泉（2000）发现上市公司高管年度报酬具有显著的地区差异。因此，不同地区的高管薪酬差距对代理成本的影响可能存在差异。本书以上市公司所处的地区，将上市公司分为东部地区公司和中西部地区公司。表5-7是公司所处地区对高管薪酬差距与代理成本影响的作用对比结果。

表 5-7　高管薪酬差距对代理成本影响的地区回归分析结果

被解释变量 assetto$_{t+1}$	方程（1）东部地区	方程（2）中西部地区	方程（3）东部地区	方程（4）中西部地区	方程（5）东部地区	方程（6）中西部地区
exgap	0.039 (1.387)	0.077** (2.071)	—	—	—	—
ingap	—	—	0.010 (1.318)	0.016*** (2.773)	—	—
pergap	—	—	—	—	-2.428*** (-29.856)	-2.086*** (-25.739)
ROA	1.074*** (4.975)	1.482*** (7.352)	1.088*** (4.964)	1.498*** (7.338)	0.378** (2.057)	0.843*** (5.045)
lnt3pay	0.019 (0.682)	0.060** (2.250)	0.057*** (3.393)	0.120*** (7.363)	0.560*** (25.771)	0.539*** (22.857)
rightcontr	0.002*** (3.624)	0.003*** (4.753)	0.002*** (3.682)	0.003*** (4.775)	0.002*** (4.205)	0.002*** (3.575)
idrate	-0.530** (-2.497)	0.148 (0.721)	-0.545** (-2.529)	0.100 (0.482)	-0.176 (-1.026)	0.239 (1.492)
dsrs	0.003 (0.534)	0.017*** (3.258)	0.002 (0.351)	0.015*** (2.846)	-0.009* (-1.923)	-0.013*** (-2.914)
lev	0.516*** (6.751)	0.407*** (6.022)	0.514*** (6.716)	0.408*** (6.039)	0.178*** (2.881)	0.186*** (3.390)
lnasset	-0.026* (-1.913)	-0.017 (-1.353)	-0.024* (-1.785)	-0.017 (-1.323)	-0.417*** (-24.874)	-0.346*** (-19.352)
_cons	0.449 (1.143)	-0.726* (-1.900)	-0.119 (-0.401)	-1.542*** (-5.606)	10.420*** (24.983)	7.733*** (18.717)
indd	yes	yes	yes	yes	yes	yes
yd	yes	yes	yes	yes	yes	yes
N	2773	2207	2773	2207	2773	2207
r2	0.268	0.287	0.268	0.287	0.522	0.498
r2_a	0.259	0.276	0.26	0.277	0.517	0.49
F	56.422***	32.61***	56.473***	32.093***	71.837***	49.342***

从表5-7中可以看出,高管薪酬外在差距(exgap)与高管薪酬内在差距(ingap)对公司代理成本的影响,在公司所处东部地区和中西部地区作用一样。在东部地区的公司里,高管薪酬外在差距(exgap)的系数和高管薪酬内在差距(ingap)的系数都为正,并且在统计上都不显著,即方程(1)和方程(3),而在中西部地区公司里,高管薪酬外在差距(exgap)的系数和高管薪酬内在差距(ingap)的系数都显著为正,即方程(2)和方程(4)。说明在东部地区,由于市场化程度比较高,扩大高管薪酬外在差距和内在差距对降低代理成本都没有显著作用,但是在中西部地区公司里,扩大高管薪酬外在差距和内在差距能够显著降低代理成本,即在同行业或同一企业里,获得较高薪酬的高管将会努力工作,从而降低代理成本。

从表5-7的方程(1)~方程(4)还可以发现,公司绩效(ROA)、高管薪酬(lnt3pay)、实际控制人的控制权(rightcontr)和资产负债率(lev)的系数都显著为正,说明无论在东部地区还是中西部地区的公司里,提高公司绩效、高管薪酬和实际控制人的控制权以及增加债务都有利于降低代理成本;而减少独立董事比例(idrate)和适当减小公司规模(lnasset)可以在东部地区公司里降低代理成本,而在中西部公司里则没有显著影响。

从表5-7中可以看出,方程(5)和方程(6)的解释变量pergap的系数不存在明显差别,该变量的系数都显著为负,说明无论在东部地区还是中西部地区,降低高管薪酬个人差距都有利于降低代理成本,高管薪酬个人差距对代理成本的影响机制并不随着公司所处的地理位置而发生改变。另外,从方程(5)和方程(6)还可以发现,在考虑高管薪酬个人差距的条件下,无论在东部地区还是中西部地区的公司里,提高公司绩效

（ROA）、高管薪酬（lnt3pay）、扩大实际控制人的控制权（rightcontr）、适当增加公司债务（lev）、减小公司规模（lnasset）和减小董事会规模（dsrs）都有利于降低代理成本，而独立董事对代理成本的降低无显著影响。

4. 按公司成长性分类回归分析

吴世农、李常青和余玮（1999）认为，成长性是指一个上市公司在经营管理及发展趋势等多方面体现出来的综合特征。公司成长性不同，公司面临的不确定性也不尽相同，因此公司高管经营管理公司付出的努力和贡献也存在差异，公司高管获得的报酬也将存在差异。另外，公司成长性不同，所有者和经营者之间的信息对称性也不同，从而可能会对代理成本产生影响。本书沿用朱红军和汪辉（2009）的做法，根据公司的Tobin'Q值对其进行分类，Tobin'Q值大于中位数的公司划分为高成长性公司，低于中位数的公司划分为低成长性公司。表5-8是公司成长性对高管薪酬差距与代理成本影响作用的对比结果。

表5-8 高管薪酬差距对代理成本影响的公司成长性回归分析结果

被解释变量 $assetto_{t+1}$	方程（1）高成长性	方程（2）低成长性	方程（3）高成长性	方程（4）低成长性	方程（5）高成长性	方程（6）低成长性
exgap	-0.006 (-0.242)	0.082*** (2.949)	—	—	—	—
ingap	—	—	0.010 (1.249)	0.018*** (3.344)	—	—
pergap	—	—	—	—	-2.281*** (-28.701)	-2.331*** (-27.003)
ROA	1.536*** (7.408)	1.196*** (5.551)	1.503*** (7.152)	1.216*** (5.609)	0.696*** (3.930)	0.536*** (3.061)
lnt3pay	0.082*** (3.167)	0.017 (0.589)	0.080*** (5.060)	0.091*** (5.317)	0.555*** (25.654)	0.571*** (23.904)

续表

被解释变量 assetto$_{t+1}$	方程(1) 高成长性	方程(2) 低成长性	方程(3) 高成长性	方程(4) 低成长性	方程(5) 高成长性	方程(6) 低成长性
rightcontr	0.002***	0.003***	0.002***	0.003***	0.002***	0.002***
	(3.561)	(4.277)	(3.617)	(4.402)	(3.313)	(4.133)
idrate	-0.034	-0.219	-0.054	-0.270	0.119	-0.013
	(-0.170)	(-0.923)	(-0.267)	(-1.124)	(0.742)	(-0.073)
dsrs	0.005	0.014**	0.005	0.011*	-0.014***	-0.013***
	(0.923)	(2.314)	(0.924)	(1.878)	(-3.230)	(-2.769)
lev	0.574***	0.410***	0.571***	0.406***	0.235***	0.127**
	(8.326)	(5.225)	(8.297)	(5.194)	(4.274)	(1.978)
lnasset	-0.004	-0.031**	-0.003	-0.030**	-0.375***	-0.397***
	(-0.359)	(-2.270)	(-0.252)	(-2.149)	(-22.309)	(-22.222)
_cons	-1.091***	0.864**	-1.140***	-0.144	8.980***	9.702***
	(-2.856)	(2.066)	(-4.052)	(-0.447)	(21.865)	(22.158)
indd	yes	yes	yes	yes	yes	yes
yd	yes	yes	yes	yes	yes	ycs
N	2490	2490	2490	2490	2490	2490
r2	0.269	0.249	0.271	0.25	0.514	0.495
r2_a	0.26	0.239	0.261	0.24	0.507	0.488
F	41.107***	40.881***	40.721***	41.101***	60.264***	52.593***

从表5-8中可以看出，高管薪酬外在差距（exgap）与高管薪酬内在差距（ingap）对公司代理成本的影响，在高成长性公司和低成长性公司的作用基本一致。在低成长性的公司里，高管薪酬外在差距（exgap）的系数和高管薪酬内在差距（ingap）的系数都显著为正，即方程（2）和方程（4），而在高成长性公司里，高管薪酬外在差距（exgap）的系数和高管薪酬内在差距（ingap）的系数都不显著，即方程（1）和方程（3），并且系数符号有差异。说明在低成长性公司里，扩大高管薪酬外在差距和内在差距对降低代理成本有显著作用，但是在高成长性公司里，扩大高管

高管薪酬差距、代理成本与公司绩效

薪酬外在差距和内在差距对降低代理成本则无显著作用。

从表5-8中可以看出,方程(5)和方程(6)的解释变量pergap的系数不存在着明显差别,该变量的系数都显著为负,说明无论在高成长性公司还是低成长性公司里,降低高管薪酬个人差距都有利于降低代理成本,高管薪酬个人差距对代理成本的影响机制并不随着成长性特征而发生改变。

从其他变量来看,在方程(1)~方程(6)中,公司绩效(ROA)、实际控制人的控制权(rightcontr)和资产负债率(lev)的系数都显著为正,结论都基本一致,即无论在高成长性公司里还是在低成长性公司里,高管薪酬差距对提高公司绩效、高管薪酬和实际控制人的控制权以及增加债务都产生降低代理成本效应没有显著差异。而在考虑高管薪酬外在差距的条件下,提高公司高管薪酬(lnt3pay)在高成长性公司里,能够显著降低代理成本,而在低成长性公司里则为显著作用;扩大董事会(dsrs)规模、适当缩小公司规模(lnasset)在低成长性公司里能够显著降低代理成本,而在高成长性公司里则作用不显著。在考虑高管薪酬内在差距的条件下,提高董事会规模(dsrs)和缩小公司规模(lnasset)有利于降低高成长性公司的代理成本,对低成长性公司却没有显著作用。在考虑高管薪酬个人差距的条件下,缩小董事会规模(dsrs)和缩小公司规模(lnasset),无论对高成长性公司还是低成长性公司来说,都有利于降低代理成本。

5. 按行业竞争性分类回归分析

根据经济学理论,垄断妨碍经济效率的提高。垄断行业里的公司通过垄断地位可以获得超额利润,垄断行业的公司高管可以花费不太多的努力就可以完成其既定的目标,而获得较高报酬。同时,垄断公司往往公司规模较大,掌握的经济资源较多,公司高管更有可能出现"逆向选择"的行为，从而加大代理成本。因此，高管薪酬差距对代理成本的影响在行业竞争程度不同的行业里可能存在差异。本书以行业①竞争强弱将上市公司分为竞争性行业公司和垄断性行业公司。表5-9是行业竞争性对高管薪酬差距与代理成本影响的作用对比结果。

从表5-9中可以看出，方程（1）和方程（2）的解释变量exgap系数有着明显差别，在方程（1）中exgap的系数在1%的显著性水平上显著为正，而在方程（2）中，exfair的系数在10%的显著性水平上显著为负，说明不同的竞争环境下，高管薪酬外在差距对代理成本的影响有显著影响，在竞争性行业里，扩大薪酬外在差距对降低代理成本有显著作用，而在垄断行业里，扩大薪酬差距将加大代理成本。在考虑高管薪酬外在差距的条件下，其他因素对公司代理成本的影响基本相同，无论在竞争性行业还是垄断性行业里，提高公司绩效（ROA）、增加高管薪酬（lnt3pay）、加强实际控制人的控制权（rightcontr）和债权人治理效率（lev）以及适当缩小公司规模（lnasset）都将降低公司代理成本，而在垄断性行业里，适当扩大董事会规模（dsrs）对降低公司代理成本有显著作用，但是在竞争性行业里无显著作用。

表5-9 高管薪酬差距对代理成本影响的行业竞争性回归分析结果

被解释变量 $asset o_{t+1}$	方程（1）竞争性行业	方程（2）垄断性行业	方程（3）竞争性行业	方程（4）垄断性行业	方程（5）竞争性行业	方程（6）垄断性行业
exgap	0.052*** (2.640)	-0.098* (-1.817)	—	—	—	—

---

① 本书将以下行业划分为非竞争性行业，即垄断行业：采掘业、石油加工及炼焦业、黑色金属冶炼及压延加工业、有色金属冶炼及压延加工业、电力、煤气及水的生产和供应业、铁路运输业、航空运输业、公共设施服务业、邮政服务业、通信服务业等。其余的行业为竞争性行业。

续表

被解释变量 assetto$_{t+1}$	方程(1) 竞争性行业	方程(2) 垄断性行业	方程(3) 竞争性行业	方程(4) 垄断性行业	方程(5) 竞争性行业	方程(6) 垄断性行业
ingap	—	—	0.015*** (3.724)	0.006 (0.567)	—	—
pergap	—	—	—	—	-2.226*** (-36.171)	-2.495*** (-15.113)
ROA	1.257*** (8.159)	1.771*** (3.597)	1.256*** (8.034)	1.663*** (3.351)	0.554*** (4.300)	0.953** (2.398)
lnt3pay	0.045** (2.232)	0.138** (2.252)	0.093*** (7.557)	0.056* (1.671)	0.558*** (33.425)	0.544*** (11.701)
rightcontr	0.002*** (3.319)	0.007*** (4.902)	0.002*** (3.493)	0.007*** (4.916)	0.001*** (3.007)	0.006*** (5.122)
idrate	-0.212 (-1.348)	0.510 (1.208)	-0.245 (-1.536)	0.443 (0.981)	-0.004 (-0.028)	0.391 (1.216)
dsrs	0.003 (0.707)	0.018* (1.786)	0.001 (0.323)	0.021** (2.077)	-0.018*** (-5.634)	0.001 (0.154)
lev	0.512*** (9.247)	0.507*** (3.329)	0.506*** (9.152)	0.525*** (3.408)	0.219*** (4.907)	0.110 (0.875)
lnasset	-0.020* (-1.906)	-0.104*** (-4.530)	-0.018* (-1.754)	-0.106*** (-4.614)	-0.379*** (-29.031)	-0.457*** (-14.083)
_cons	-0.021 (-0.066)	0.538 (0.647)	-0.751*** (-2.950)	1.580*** (3.130)	8.658*** (26.180)	11.543*** (13.943)
indd	yes	yes	yes	yes	yes	yes
yd	yes	yes	yes	yes	yes	yes
N	4298	682	4298	682	4298	682
r2	0.254	0.403	0.255	0.4	0.5	0.589
r2_a	0.248	0.387	0.25	0.384	0.496	0.578
F	72.877***	33.193***	72.985***	32.932***	96.558***	47.369***

从表 5-9 中可以看出，在方程（3）中 ingap 的系数显著为正，说明在竞争性行业里，提高公司高管薪酬内在差距对降低代理成本有显著作

用。而在方程（4）中，ingap 的系数为正，但是统计上不显著，说明在垄断性行业里，扩大高管薪酬内在差距对降低代理成本不存在显著作用。

从表5-9中可以看出，方程（5）和方程（6）的解释变量 pergap 不存在明显差别，该变量的系数都显著为负，说明无论在竞争性行业还是在垄断性行业里，降低高管薪酬个人差距都有利于降低代理成本，高管薪酬个人差距对代理成本的影响机制并不随着公司所处行业的竞争强弱而发生改变。

从其他变量来看，在方程（3）～方程（6）中，公司绩效（ROA）、高管薪酬（lnt3pay）和实际控制人的控制权（rightcontr）的系数都显著为正，而公司规模（lnasset）的系数都显著为负，结论都一致，即无论在竞争性行业还是垄断性行业里，高管薪酬内在差距和个人差距对提高公司绩效、高管薪酬和实际控制人的控制权以及缩小公司规模产生降低代理成本效应没有显著差异。在考虑高管薪酬内在差距的条件下，无论在竞争性行业还是在垄断性行业里，增加公司债务比例（lev）和适当缩小公司规模（lnasset）都有利于降低公司代理成本，而提高董事会规模（dsrs）有利于降低垄断性行业公司的代理成本，对竞争行业的公司却没有显著作用。在考虑高管薪酬个人差距的条件下，缩小董事会规模（dsrs）和增加公司债务比例（lev），对降低竞争性行业公司的代理成本有显著效果，而对于垄断性行业的公司来说，则没有显著效果。

总之，通过对表5-5～表5-9的分析，可以得到一个共同的结论，即无论公司在管理者权力、股权性质、区域位置、成长阶段和行业特征等方面是否存在差异，缩小高管薪酬个人差距对降低代理成本的效果都不变，而扩大高管薪酬外在差距和内在差距达到降低代理成本的作用会随着公司内外环境机制的不同发生改变。因此，本书认为，从高管薪酬差距来看，影响公司代理成本的主要且一致的因素是高管薪酬个人差距，缩小高管薪酬个人差距导致公司代理成本降低的影响机制是稳定的，而通过扩大高管薪酬外在差距和内在差距达到降低代理成本的影响机制具有权变性质。

本章小结

本章主要讨论了高管薪酬差距对公司代理成本的影响。本章在委托代理理论、薪酬理论和马克思的按劳分配理论的分析基础上，提出了本章的研究假设并且建立了检验模型，然后通过描述性统计、相关分析、全样本多元回归和分类多元回归等方法进行相关检验。

通过实证检验发现，高管薪酬差距对公司代理成本都会产生影响，高管薪酬外在差距与高管薪酬内在差距对代理成本的影响是一致的，扩大高管薪酬外在差距和内在差距都有利于降低公司代理成本，高管薪酬外在差距和内在差距都与代理成本负相关，而扩大高管薪酬个人差距将产生严重的代理问题，引起代理成本的提高，高管薪酬个人差距与代理成本正相关。并且，通过分类多元回归分析发现，高管薪酬外在差距、内在差距和个人差距对降低代理成本的效果有一定的差异，缩小高管薪酬个人差距对降低代理成本的效果，不随着公司管理者权力、股权性质、区域位置、成长阶段和行业特征等方面存在差异而发生改变，高管薪酬个人差距对代理成本的影响效果保持不变，而提高高管薪酬外在差距和内在差距对降低代理成本的作用会随着公司内外环境机制的不同发生改变。因此，本章认为,从高管薪酬差距来看,影响公司代理成本的主要且一致的因素是高管薪酬个人差距,缩小高管薪酬个人差距导致公司代理成本降低的影响机制是稳定的,而通过扩大高管薪酬外在差距和内在差距达到降低代理成本的影响机制具有权变性质。

第六章 高管薪酬差距对公司绩效的影响分析

第一节 理论分析与研究假设

根据锦标赛理论,薪酬和晋升能够对公司高管的努力产生强激励作用,同时减少偷懒和"搭便车"行为,因而锦标赛理论认为扩大薪酬差距有利于业绩的提升。因此,锦标赛理论认为,要想在公司高管团队内建立良好竞争机制,就需要设计以薪酬差距为主要标志的薪酬管理模式,以利于产生激励高管努力为公司创造价值,从而提升公司绩效,为高管获取高额或超额报酬提供基础。该理论为解释公司高管之间的薪酬差距提供了基本的理论研究基础,即扩大薪酬差距能够有效提高代理人的努力水平,降低代理成本,提高企业价值。

目前国内外大量的实证证据支持锦标赛理论对企业绩效或价值的提升的解释。Rosen(1986)提出"连续淘汰竞赛"的概念,并运用该概念企业薪酬差距进行了描述,认为薪酬差距会随着高管职位的晋升呈逐步扩大

第六章 高管薪酬差距对公司绩效的影响分析

趋势,而且,较大的薪酬差距会激励高管的努力程度,以尽快实现职位晋升获取较高薪酬。McLaughlin(1988)研究认为,为提升企业价值,适当扩大薪酬差距能够达到预期的激励效果。Main 和 Wade(1993),Henderson 和 Fredrickson(2001)选取企业总资产收益率(ROA)、净资产收益率(ROE)和股票回报率作为公司业绩的衡量指标,实证对象高管薪酬差距与公司业绩呈现显著的正相关关系。Eriksson(1999)以丹麦公司为样本,研究表明,高管薪酬差距与企业价值增长速度呈现正相关关系,并且认为公司价值会随着高管薪酬的分布变量的标准差的变动而变动,每提高一个变量标准差,企业价值将相应提高4%~5%。Kin 等(2005),Kato 和 Long(2008),Chen Lin 等(2009)等研究结果基本上支持锦标赛理论,认为扩大高管薪酬差距能够公司高管的工作积极性和主动性,有助于提升公司价值或未来价值。部分学者如 Backer(1988)和 Ehrenberg(1990)将锦标赛理论运用体育领域里,发现奖金差距会提高运动员努力水平的投入和竞赛成绩。

在国内学者研究中,也有大量实证证据支持锦标赛理论。林浚清、黄祖辉和孙永祥(2003)利用1999年和2000年的上市公司样本,研究发现,薪酬差距对提升以每股收益(EPS)和总资报酬率(ROA)为代理变量的公司价值。陈震和张鸣(2006)认为,在不同成长性的公司里,高管薪酬差距与公司价值有正相关关系,但在公司价值的代理变量方面有所差异,在高成长性公司里,高管薪酬差距与市场价值正相关,在低成长性公司里,高管薪酬差距与每股收益正相关。刘春、孙亮(2010)也提出了薪酬差距与企业价值之间关系的直接经验证据,并且认为这种薪酬差距与企业价值的正相关关系不随企业价值和薪酬差距的不同衡量方法而改变。胡婉丽、汤书昆和肖向兵(2004),范林榜、聂锐(2008),沈旭民

(2011) 等利用民营企业或家族企业作为研究样本,也支持了锦标赛理论,认为在这些公司里,外聘高管薪酬差距与企业价值、企业规模之间具有显著正相关关系,而且还认为高管薪酬差距存在显著的行业差异。

根据本书对高管薪酬外在差距和内在差距的界定,结合以上理论和实证研究的结果,本章提出以下假设:

假设6-1:高管薪酬外在差距和内在差距与公司绩效正相关,即高管薪酬外在差距越大,公司绩效越高,高管薪酬内在差距越大,公司绩效越高。

北美著名心理学家和行为科学家维克托·弗鲁姆(Victor H. Vroom)在1964年提出的期望理论提供了一种解释人们的努力工作与其所获得的最终报酬之间的因果关系的理论解释。期望理论认为,当人们有需要,又有达到目标的可能时,人们的积极性就可能给激发出来。同时,弗鲁姆也认为,期望的东西不等于现实,期望与现实之间一般有三种可能性,即:期望小于现实,期望大于现实,期望等于现实。当期望小于现实,即实际结果大于期望值,将有助于提高人们的积极性,在这种情况下,能够增强信心,增加激发力量。当期望大于现实,即实际结果小于期望值,一般地说,会使人产生挫折感,对激发力量产生削弱作用。当期望等于现实,即人们的期望变为现实,所谓期望的结果,是人们预料之中的事,在这种情况下,一般地说,也有助于提高人的积极性。因此,根据期望理论,高管实际获得的薪酬大于或等于高管期望薪酬,将对高管产生积极的激励作用,获得较高的薪酬满意度。

薪酬满意度指的是员工对通过在企业工作而获得的薪酬的满意程度,是员工对自己所获薪酬进行评价后产生的主观心理感受。王玮(2004)认为"薪酬满意度是一个组织成员获得组织回报的经济性报酬和非经济性报酬与他的期望值相比较后所形成的感觉程度"。薪酬满意度是一个相对的概念,当组织成员所获得的薪酬超出其期望值,则该成员对其薪酬是满意的,当组织成员所获得的薪酬仅仅达到其期望值,则该成员对薪酬基本满意,当组织成员所获得的薪酬低于其期望值,则该成员对其薪酬是不满意的。

目前对薪酬满意度的研究,较多集中分析影响薪酬满意度的因素上,对薪酬满意度的作用研究相对而言较少。Honeman 等(2000)总结认为,薪酬满意度对员工很多方面都有重要的影响,主要体现薪酬满意度对员工态度、工作行为和工作绩效方面。Williams 等(2006)研究发现,薪酬满意度与绩效之间没有相关。张丽(2006)研究得出类似的结论,认为管理者薪酬满意度和绩效水平存在弱的正相关关系,二者之间的相关系数只有 0.031。而伍晓弈、汪纯孝和张秀娟(2006)通过对广东省的 7 家饭店进行实际调查,发现员工薪酬满意度是影响饭店员工工作积极性和工作绩效的重要因素,薪酬满意度对对员工的情感性归属感有显著的正向影响,同时员工的薪酬满意与他们的工作积极性和工作绩效可能存在双向因果关系。

但从行为理论角度来看,行为理论认为,如果公司员工认为劳动所得和劳动付出不匹配,就会产生被剥削的感觉,进而产生消极怠工等不良情绪,从而影响了企业的整体价值和管理人员之间的合作度。由于高管能力差别的难以衡量性,即使薪酬差距是由生产率的差异或个人因素差异造成的,依然会导致高管产生不满情绪和抵触心理。薪酬差距,会带来不公平感。较小的薪酬差距有助于提高员工之间的合作,同时会减少管理层为实

---

① 王玮. 薪酬满意度与组织公平 [J]. 中国人力资源开发, 2004 (1).

现某种政治目的来破坏他的竞争对手，或者威胁到公司所有者的薪酬设定者权威的可能性，从而影响企业的绩效和价值。因此，林浚清、黄祖辉和孙永祥（2003）认为缩小薪酬差距会提升公司价值。

根据本书对高管薪酬个人差距的界定，结合以上理论和实证研究的结果，本章提出以下假设：

假设6-2：高管薪酬个人差距与公司绩效负相关，即高管薪酬个人差距越大，公司绩效越低。

第二节 样本选择与研究设计

一、样本选择与数据来源

本书以2005~2011年在中国A股市场上市的公司为研究样本，并按照以下步骤对研究样本进行选择和处理：

（1）剔除了金融、保险类上市公司，因为金融、保险行业经营业务和执行的会计准则具有特殊性，从图3-5中也可以发现，金融类企业高管薪酬和员工薪酬与其他行业有显著的差异。

（2）剔除交叉发行B股和H股的上市公司，因为A与B、H股之间存在制度环境差异。

（3）剔除在沪深两市交易的中小板和创业板的上市公司，因为中小板企业和创业板企业在企业规模和上市时间与主板市场的企业存在差异。

（4）剔除ST、*ST以及PT的上市公司，因为被中国证监会警示的

ST 和 *ST 公司的生产经营往往受较大的非正常因素干扰。

（5）剔除资产负债率大于100%，即资不抵债的极端值。

（6）剔除上市不满 2 年和当年刚进行 IPO 样本公司，因为公司经营绩效往往会受到公司刚上市和 IPO 的影响，高管薪酬具有不可比性。

（7）剔除核心高管年薪低于 3 万元的奇异值公司。

（8）剔除只有一个年度且不连续的样本公司。

（9）剔除模型中变量数据缺失的样本公司。

本书研究中所采用的数据主要来自于上市公司年度报告、国泰安数据库（CSMAR）和锐思数据库（RESSET），有关中国市场化指数的相关数据来源于樊纲、王小鲁、朱恒鹏《中国市场化指数：各地区市场化相对进程 2011 年报告》。使用的统计软件为 STATA11.0、Excel 等统计软件。

二、模型设计

根据前面的假设与分析，本书建立模型（6-1）来用于检验薪酬差距对公司绩效的影响。

$$perf_{i,t+1} = \alpha_0 + \alpha_1 gap_{it} + \alpha_2 pay_{it} + \alpha_3 rightcontr_{it} + \alpha_4 negshrcr5_{it} + \alpha_5 lev_{it} + \alpha_6 size_{it} + \sum_{i=1}^{19} \beta_{it} indd_{it} + \sum_{i=1}^{6} \gamma_{it} yd_{it} + \varepsilon_{it} \qquad 模型（6-1）$$

三、变量设定

（一）被解释变量

被解释变量为公司绩效（perf），本章采用总资产收益率（ROA）表示。为了防止内生性问题，在进行回归分析时，采用下一期的总资产收益率表示公司绩效，同时也可以反映薪酬差距对公司后续业绩的影响。其他业绩指标将在稳健性检验中进行分析。

（二）解释变量

解释变量为高管薪酬差距（gap），计算公式如第三章的式（3-1）、式（3-2）和式（3-3），即用高管薪酬外在差距、内在差距和个人差距等指标来作为高管薪酬差距的代理变量。

（三）控制变量

为保证研究结果的可靠性和稳健性，本书对影响公司业绩的相关因素进行控制，主要的控制变量包括以下几个方面：

公司规模（size），本书用公司年末总资产的账面价值的自然对数（lnasset）来衡量。公司规模越大，越有可能获得规模经济，因而交易费用越小，公司价值将越高。但是，公司规模大，也使得企业需要对更多的经济资源进行控制，工作难度也就越大，内部组织费用上升，也有可能会导致公司规模超过规模经济的边界，出现规模经济递减的现象从而影响公司的盈利能力或公司价值。

高管已获得的薪酬（pay），本书用核心高管的薪酬总额的自然对数（lnt3pay）衡量。陈志广（2002），刘斌和刘星等（2003），周嘉南和黄登仕（2006），杜兴强和王丽华（2007）等研究发现，高管的年度货币薪酬水平与企业价值显著正相关，但也有学者认为高管薪酬与公司价值为显著相关性，比如李增泉（2000）和魏刚（2000）。

股权集中度，本书用实际控制人控制权（rightcontr）和前五大股东持股比例之和（negshrcr5）来衡量。股权越是集中，一方面，说明大股东对公司投资越大，股东将更有动力参与到公司的经营管理中去；另一方面，股权越集中，股东越是顾及自身的重大经济利益，他们将越有动机去影响和监督高管人员，以确保他们的利益不受到侵蚀。许小年和王燕

(2000)、肖作平（2003）和刘志彪等（2004）等的实证研究，都得出了股权集中程度与公司价值正相关的结论。

债权人因素，本书用资产负债率（lev）即公司负债总额与资产总额的比值来衡量。资产负债率高，说明债权人对公司投资或提供的资金越大，壮大了公司规模，从而减少了对外部权益资金的需求，将有助于减少股东与经理人之间的代理成本，以提高公司盈利能力或公司价值。但是，资产负债率过高，将会加大公司的财务风险，同时债务协议往往对公司行为将有所约束，从而影响公司的经营效率，陈小悦和李晨（1995）、刘志彪（2003）等都有实证表明，公司负债程度与绩效负相关。

行业因素（indd），本书在样本选择过程中删除了金融类的公司，考虑到制造类企业比较多，因而将制造类企业按照行业编码的前两位进行细分，并且将公司较少的行业进行了合并处理，因此引入了20个虚拟变量。

年度因素（yd），本书选择了2005~2011年里的公司作为样本公司，因此引入了6个虚拟变量。

具体变量定义和计算参见表4-1。

第三节 实证分析与结果讨论

一、描述性统计

表6-1是主要变量的描述性统计结果，从表6-1中可以看出，总资产收益率（ROA_{t+1}）均值为0.038，标准差为0.064，中位数为0.032，

分布稍有右偏态势，但是，极值偏离较大，最大值为0.477，最小值为-0.999，可能存在奇异值；高管薪酬外在差距（exgap）的均值为1.007，中位数为0.802，分布呈现右偏态势，最大值为12.391，最小值为0.043，极值偏离较大，可能存在奇异值；高管薪酬内在差距（ingap）的分布与高管薪酬外在差距类似，分布呈现右偏态势，极值偏离较大，可能存在奇异值；而高管薪酬个人差距（pergap）的均值为3.651，中位数为3.644，标准差较小，为0.231，最大值和最小值的极差较少，呈现正态分布态势。高管薪酬（lnt3pay）的均值为14.393，标准差为0.829，分布比较集中；实际控股人控制权（rightcontr）的均值为37.381，标准差为15.324，分布较集中，但是极值偏离较大，可能存在奇异值；前五大股东持股比例之和（negshrcr5）均值为15.193，标准差为17.124，分布较为集中，但极值偏离较大，也可能存在奇异值；资产负债率（lev）的均值为0.509，标准差为0.176，分布较集中，但是极值偏离较大，可能存在奇异值；公司规模（lnasset）的均值为21.638，标准差为1.030，分布较为集中。

表6-1 主要变量描述性统计

变量	公司数	均值	标准差	最小值	中位数	最大值
ROA_{t+1}	4981	0.038	0.064	-0.999	0.032	0.477
exgap	4981	1.007	0.861	0.043	0.802	12.391
ingap	4981	3.917	3.222	0.796	3.224	96.133
pergap	4981	3.651	0.231	2.793	3.644	4.711
lnt3pay	4981	14.393	0.829	10.594	14.401	17.511
rightcontr	4981	37.381	15.324	1.490	36.100	100.000
negshrcr5	4981	15.193	17.124	0.205	8.530	89.447
lev	4981	0.509	0.176	0.009	0.525	1.000
lnasset	4981	21.638	1.030	18.322	21.562	26.156

第六章 高管薪酬差距对公司绩效的影响分析

表6-2 主要变量相关性检验

	ROA_{t+1}	exgap	ingap	pergap	lnt3pay	rightcontr	negshrcr5	lev	lnasset
ROA_{t+1}	1	0.2851***	0.0364**	-0.0049	0.2864***	0.1419***	0.1701***	-0.2484***	0.1249***
exgap	0.231***	1	0.1888***	0.3982***	0.2186***	0.0476***	0.0866***	0.0374***	0.3780***
ingap	0.002***	0.093***	1	0.2864***	-0.0774***	-0.1037***	-0.0155	-0.0516***	-0.1057***
pergap	-0.007	0.347***	0.177***	1	0.3834***	-0.2152***	0.1173***	-0.2508***	-0.3683***
lnt3pay	0.257***	0.218***	-0.092***	0.399***	1	-0.0011	0.3391***	0.0755***	0.4688***
rightcontr	0.123***	0.023	-0.011	-0.224***	-0.008	1	-0.0994***	-0.0043	0.2296***
negshrcr5	0.112***	0.056***	-0.024*	0.073***	0.275***	0.011	1	0.015	0.1907***
lev	-0.206***	0.033***	-0.028*	-0.252***	0.075***	-0.012	0.028**	1	0.3235***
lnasset	0.121***	0.338***	-0.062***	-0.386***	0.475***	0.267***	0.190***	0.313***	1

注：下三角为pearson相关系数检验，上三角为spearman相关系数检验。

二、相关性检验

（一）相关性分析

表 6-2 是主要变量的相关性检验结果，从表 6-2 中可以看出，除了公司规模（lnasset）与高管薪酬（lnt3pay）的相关系数超过 0.4 外，其他的相关系数都较小，说明主要变量之间不存在严重的共线性的问题。并且，总资产收益率（ROA_{t+1}）与高管薪酬外在差距（exgap）和内在差距（ingap）之间的相关系数显著为正，初步验证了本章的假设 6-1。总资产收益率（ROA_{t+1}）与高管薪酬个人差距（pergap）之间的相关系数为负，但在统计上并不显著，需对总资产收益率（ROA_{t+1}）与高管薪酬个人差距（pergap）的关系进行进一步的分析。

（二）单变量分析

为了更好地检验高管薪酬差距对公司绩效的影响，本章对高管薪酬差距二分法处理，将某公司高管薪酬外在差距（exgap）的值大于 1 的公司定义为高管薪酬外在差距大的公司，否则反之；将某公司高管薪酬内在差距（ingap）大于所有公司高管薪酬内在差距的中位数的公司定义为高管薪酬内在差距大的公司，否则反之；将某公司高管薪酬个人差距（pergap）的值大于所有公司高管薪酬个人差距的中位数的公司定义为高管薪酬个人差距大的公司，否则反之。通过均值检验结果如表 6-3 所示，从表 6-3 可以看出，高管薪酬外在差距大的公司，其公司绩效（ROA_{t+1}）在 1% 的显著性水平上显著高于高管薪酬外在差距小的的公司，高管薪酬内在差距大的公司，其公司绩效（ROA_{t+1}）在 10% 的显著性水平上显著高于高管薪酬内在差距小的公司，从而进一步验证了本章假设 6-1。而高管薪酬个人差距大的公司，其公司绩效（ROA_{t+1}）显著低于高管薪酬个人差距小的公司,从而初步支持本章假设6-2。

表6-3 公司绩效与高管薪酬差距的均值检验

变量	差距类型	薪酬差距状态	公司数	均值	标准差	差异	t值
ROA_{t+1}	exgap	薪酬差距小	3114	0.0272	0.0656	0.0276	15.0389***
		薪酬差距大	1867	0.0548	0.0578		
ROA_{t+1}	ingap	薪酬差距小	2491	0.0358	0.0612	0.0034	1.8965*
		薪酬差距大	2490	0.0393	0.0670		
ROA_{t+1}	pergap	薪酬差距小	2490	0.0416	0.0614	-0.0082	-4.5025**
		薪酬差距大	2491	0.0335	0.0666		

三、多元回归分析与假设检验

(一) 全样本回归分析

表6-4是模型(6-1)的回归结果,从表6-4可以看出,在方程(1)和方程(2)里,高管薪酬外在差距(exgap)的系数和内在差距(ingap)的系数与预期符号相一致,都显著为正,即高管薪酬外在差距和内在差距越大,公司绩效(ROA_{t+1})越高,再一次支持假设6-1,即高管薪酬外在差距和内在差距与公司绩效显著正相关,从这个角度来看,高管薪酬差距对公司绩效的关系验证了锦标赛理论在中国上市公司的适用性。但从方程(3)来看,高管薪酬个人差距(pergap)的系数与预期符号相一致,在1%的显著性水平上显著为负,即高管薪酬个人差距越大,公司绩效(ROA_{t+1})越小,支持本章假设6-2,即高管薪酬个人差距与公司绩效显著负相关,从这个角度来看,高管薪酬差距对公司绩效的关系验证了行为理论在中国上市公司的适用性。其他控制变量,如高管薪酬

(lnt3pay)、实际控制人控制权（rightcontr）、前五大股东持股比例之和（negshrcr5）以及公司规模（lnasset）等变量的系数显著为正，说明公司高管薪酬、提高股东控制权及股权集中度和扩大公司规模有助于提高公司绩效，但是公司的负债越多，对公司的绩效带来越多负向的影响，因为在回归方程中资产负债率（lev）显著为负。

表6-4 高管薪酬差距对公司绩效的影响检验

变量	预期符号	方程（1） ROA_{t+1}	方程（2） ROA_{t+1}	方程（3） ROA_{t+1}
exgap	+	0.012*** (6.124)	— —	— —
ingap	+	— —	0.002*** (4.371)	— —
pergap	−	— —	— —	−0.033*** (−5.293)
lnt3pay	+	0.008*** (4.465)	0.019*** (17.018)	0.025*** (15.264)
rightcontr	+	0.000*** (7.106)	0.000*** (7.323)	0.000*** (7.029)
negshrcr5	+	0.000*** (4.401)	0.000*** (4.715)	0.000*** (4.220)
lev	+	−0.081*** (−16.662)	−0.082*** (−16.885)	−0.086*** (−17.455)
lnasset	+	0.003*** (2.921)	0.003*** (3.025)	−0.003** (−2.064)
_cons	?	−0.129*** (−4.142)	−0.281*** (−12.396)	−0.115*** (−3.326)
indd		yes	yes	yes
yd		yes	yes	yes
N		4981	4981	4981

续表

变量	预期符号	方程（1）ROA_{t+1}	方程（2）ROA_{t+1}	方程（3）ROA_{t+1}
r2	—	0.223	0.220	0.221
r2_a	—	0.219	0.215	0.216
F	—	39.148***	38.620***	38.945***

（二）高管薪酬差距之间交叉影响分析

从表6-4可以看出，高管薪酬外在差距、内在差距和个人差距对公司绩效的影响机制存在一定的差异。高管薪酬外在差距、内在差距对公司绩效的影响机制类似，提高高管薪酬差距可以提升公司绩效，公司高管因为其所处的高管职位，决定了公司高管将对公司行为要承担更大的责任，因而，公司高管认为提高与一般高管或者一般员工的薪酬差距，是对其高管职位所肩负的责任的一种激励，差距越大，对其激励也就越大，也提高了公司高管的工作努力程度和积极性，从而提升公司绩效。而高管薪酬个人差距则相反，高管薪酬个人差距小，并未使得公司绩效降低，反而显著上升，从这个角度来看，缩小高管薪酬个人差距，即提高高管绩效薪酬占高管薪酬的比例，使公司高管在心理上感觉到，其所得到的薪酬与其工作业绩是相符的，是心安理得的，提升了公司高管的薪酬满意度，从而提升公司绩效。

为进一步研究高管薪酬个人差距与高管薪酬内在差距对公司绩效的影响机制相互作用，本章建立模型（6-2）和模型（6-3）。

$$perf_{i,t+1} = \alpha_0 + \alpha_1 pergap_{it} + \alpha_2 ingapdummy + \alpha_3 pergap \times ingapdummy + \alpha_4 pay_{it} + \alpha_5 rightcontr_{it} + \alpha_6 negshrcr5_{it} + \alpha_7 lev_{it} + \alpha_8 size_{it} + \sum_{i=1}^{19} \beta_{it} indd_{it} + \sum_{i=1}^{6} \gamma_{it} yd_{it} + \varepsilon_{it} \quad 模型(6-2)$$

$$\text{perf}_{i,t+1} = \alpha_0 + \alpha_1 \text{ingap}_{it} + \alpha_2 \text{pergapdummy} + \alpha_3 \text{ingap} \times \text{pergapdummy} +$$
$$\alpha_4 \text{pay}_{it} + \alpha_5 \text{rightcontr}_{it} + \alpha_6 \text{negshrcr5}_{it} + \alpha_7 \text{lev}_{it} + \alpha_8 \text{size}_{it} +$$
$$\sum_{i=1}^{19} \beta_{it} \text{indd}_{it} + \sum_{i=1}^{6} \gamma_{it} \text{yd}_{it} + \varepsilon_{it} \qquad \text{模型}（6-3）$$

在模型（6-2）和模型（6-3）中，变量 ingapdummy 为虚拟变量，将某公司高管薪酬内在差距（ingap）大于所有公司高管薪酬内在差距的中位数的公司定义为高管薪酬内在差距大的公司时，取值为1，否则取值为0；变量 pergapdummy 为虚拟变量，将某公司高管薪酬内在差距（pergap）大于所有公司高管薪酬内在差距的中位数的公司定义为高管薪酬内在差距大的公司时，取值为1，否则取值为0。pergap × ingapdummy 为高管薪酬个人差距（pergap）与高管薪酬内在差距的虚拟变量 ingapdummy 的交乘项；ingap × pergapdummy 为高管薪酬内在差距（ingap）与高管薪酬个人差距的虚拟变量 pergapdummy 的交乘项。其他变量定义与本章第二节的变量设定相一致。

表6-5是模型（6-2）回归检验结果，从表6-5中的方程（2）来看，用0和1虚拟变量作为高管薪酬内在差距（ingap）代理变量，依然反映了高管薪酬内在差距对公司绩效有着显著正向影响，验证本章假设6-1，即高管薪酬内在差距的提高，有助于提高公司绩效。从方程（3）中可以看出，变量 pergap × ingapdummy 的系数为负，但是统计上并不显著，说明当考虑高管薪酬个人差距对公司绩效产生负向影响时，提高高管薪酬内在公平，对抑制高管薪酬个人差距的负向影响并没有显著效果。高管薪酬内在差距对高管薪酬个人差距与公司绩效的负向影响机制无显著效应。

第六章　高管薪酬差距对公司绩效的影响分析

表6-5　模型（6-2）回归结果

变量	方程（1）	方程（2）	回归方程（3）
pergap	-0.033***	—	-0.045***
	(-5.293)	—	(-6.290)
ingapdummy	—	0.007***	0.035
	—	(4.956)	(1.489)
pergap × ingapdummy	—	—	-0.006
	—	—	(-1.011)
lnt3pay	0.025***	0.018***	0.028***
	(15.264)	(16.896)	(16.438)
rightcontr	0.000***	0.000***	0.000***
	(7.029)	(7.440)	(7.297)
negshrer5	0.000***	0.000***	0.000***
	(4.220)	(4.809)	(4.485)
lev	-0.086***	-0.083***	-0.088***
	(-17.455)	(-16.978)	(-17.854)
lnasset	-0.003**	0.003***	-0.005***
	(-2.064)	(3.225)	(-3.593)
_cons	-0.115***	-0.280***	-0.080**
	(-3.326)	(-12.372)	(-2.206)
indd	yes	yes	yes
yd	yes	yes	yes
N	4981	4981	4981
r2	0.221	0.220	0.230
r2_a	0.216	0.215	0.225
F	38.945***	38.501***	38.181***

表6-6是模型（6-3）回归检验结果，从表6-9中的方程（2）来看，用0和1虚拟变量作为高管薪酬个差距（pergap）代理变量，依然反映了高管薪酬个人差距与公司绩效存在负相关性，与本章假设6-2相符，即降低高管薪酬个人差距，有助于提高公司绩效。从方程（3）中可以看

出,变量 ingap×pergapdummy 的系数在1%的显著性水平上显著为负,说明当考虑高管薪酬内在差距对公司绩效产生正向作用时,提高高管薪酬个人差距对这一正向作用存在显著抑制作用。因此,高管薪酬个人差距对高管薪酬内在差距与公司绩效的正向影响机制有显著效应。

表6-6 模型 (6-3) 回归结果

变量	方程 (1)	方程 (2)	方程 (3)
ingap	0.002***		0.003***
	(4.371)		(5.718)
pergapdummy		-0.003*	0.001
		(-1.720)	(0.448)
ingap * pergapdummy			-0.002**
			(-2.531)
lnt3pay	0.019***	0.019***	0.021***
	(17.018)	(15.486)	(16.140)
rightcontr	0.000***	0.000***	0.000***
	(7.323)	(7.260)	(7.442)
negshrcr5	0.000***	0.000***	0.000***
	(4.715)	(4.447)	(4.557)
lev	-0.082***	-0.083***	-0.083***
	(-16.885)	(-16.935)	(-16.904)
lnasset	0.003***	0.002*	0.001
	(3.025)	(1.680)	(1.098)
_cons	-0.281***	-0.257***	-0.275***
	(-12.396)	(-11.324)	(-11.994)
indd	yes	yes	yes
yd	yes	yes	yes
N	4981	4981	4981
r2	0.220	0.217	0.222
r2_a	0.215	0.212	0.217
F	38.062***	37.825***	36.681***

因此，综合表6-5和表6-6的分析结论，本章认为高管薪酬内在差距与个人差距对公司绩效都产生影响，但是在这两种影响机制中，高管薪酬个人差距的影响机制占主导作用，而高管薪酬内在差距的影响机制只是起着从属或次要作用。

为进一步研究高管薪酬个人差距与高管薪酬外在差距对公司绩效的影响机制相互作用，本章建立模型（6-4）和模型（6-5）。

$$\text{perf}_{i,t+1} = \alpha_0 + \alpha_1 \text{pergap}_{it} + \alpha_2 \text{exgapdummy} + \alpha_3 \text{pergap} \times \text{exgapdummy}$$
$$+ \alpha_4 \text{pay}_{it} + \alpha_5 \text{rightcontr}_{it} + \alpha_6 \text{negshrcr5}_{it} + \alpha_7 \text{lev}_{it} + \alpha_8 \text{size}_{it}$$
$$+ \sum_{i=1}^{19} \beta_{it} \text{indd}_{it} + \sum_{i=1}^{6} \gamma_{it} \text{yd}_{it} + \varepsilon_{it} \qquad \text{模型}(6-4)$$

$$\text{perf}_{i,t+1} = \alpha_0 + \alpha_1 \text{exgap}_{it} + \alpha_2 \text{pergapdummy} + \alpha_3 \text{exgap} \times \text{pergapdummy}$$
$$+ \alpha_4 \text{pay}_{it} + \alpha_5 \text{rightcontr}_{it} + \alpha_6 \text{negshrcr5}_{it} + \alpha_7 \text{lev}_{it} + \alpha_8 \text{size}_{it}$$
$$+ \sum_{i=1}^{19} \beta_{it} \text{indd}_{it} + \sum_{i=1}^{6} \gamma_{it} \text{yd}_{it} + \varepsilon_{it} \qquad \text{模型}(6-5)$$

在模型（6-4）和模型（6-5）中，变量 ingapdummy 为虚拟变量，将某公司高管薪酬内在差距（ingap）大于所有公司高管薪酬内在差距的中位数的公司定义为高管薪酬内在差距大的公司时，取值为1，否则取值为0；变量 exgapdummy 为虚拟变量，将某公司高管薪酬外在差距（pergap）大于1时，取值为1，否则取值为0。pergap × exgapdummy 为高管薪酬个人差距（pergap）与高管薪酬外在差距的虚拟变量 exgapdummy 的交乘项；exgap × pergapdummy 为高管薪酬外在差距（exgap）与高管薪酬个人差距的虚拟变量 pergapdummy 的交乘项。其他变量定义与本章第二节的变量设定相一致。

表6-7是模型（6-4）回归检验结果，从表6-10中的方程（2）来看，用0和1虚拟变量作为高管薪酬外在差距（exgap）代理变量，依

然反映了高管薪酬内在差距对公司绩效有着显著正向影响,验证本章假设6-1,即高管薪酬外在差距的提高,有助于提高公司绩效。从方程(3)中可以看出,变量 pergap × exgapdummy 的系数为正,但是统计上并不显著,说明当考虑高管薪酬个人差距对公司绩效产生负向影响时,提高高管薪酬外在公平,对抑制高管薪酬个人差距的负向影响并没有显著效果。高管薪酬外在差距对高管薪酬个人差距与公司绩效的负向影响机制无显著效应。

表 6-7 模型 (6-4) 回归结果

变量	回归方程 (1)	回归方程 (3)	回归方程 (4)
pergap	-0.033***		-0.049***
	(-5.293)		(-6.831)
exgapdummy		0.007***	-0.086***
		(3.329)	(-3.440)
pergap × exgapdummy			0.026
			(1.311)
lnt3pay	0.025***	0.015***	0.021***
	(15.264)	(10.245)	(12.145)
rightcontr	0.000***	0.000***	0.000***
	(7.029)	(7.122)	(6.902)
negshrcr5	0.000***	0.000***	0.000***
	(4.220)	(4.593)	(4.262)
lev	-0.086***	-0.082***	-0.086***
	(-17.455)	(-16.785)	(-17.442)
lnasset	-0.003**	0.003***	-0.004***
	(-2.064)	(2.898)	(-2.784)
_cons	-0.115***	-0.222***	0.009
	(-3.326)	(-8.412)	(0.212)

续表

变量	回归方程（1）	回归方程（3）	回归方程（4）
indd	yes	yes	yes
yd	yes	yes	yes
N	4981	4981	4981
r2	0.221	0.218	0.227
r2_a	0.216	0.213	0.222
F	38.945***	38.948***	38.089***

表6-8 模型（6-5）回归结果

变量	回归方程（2）	回归方程（5）	回归方程（6）
exgap	0.012***		0.007***
	(6.124)		(2.809)
pergapdummy		-0.003*	-0.012***
		(-1.720)	(-4.158)
exgap × pergapdummy			-0.000***
			(-2.783)
lnt3pay	0.008***	0.019***	0.011***
	(4.465)	(15.486)	(5.578)
rightcontr	0.000***	0.000***	0.000***
	(7.106)	(7.260)	(7.264)
negshrcr5	0.000***	0.000***	0.000***
	(4.401)	(4.447)	(4.204)
lev	-0.081***	-0.083***	-0.082***
	(-16.662)	(-16.935)	(-16.778)
lnasset	0.003***	0.002*	0.001
	(2.921)	(1.680)	(1.006)
_cons	-0.129***	-0.257***	-0.119***
	(-4.142)	(-11.324)	(-3.638)
indd	yes	yes	yes
yd	yes	yes	yes

续表

变量	回归方程（2）	回归方程（5）	回归方程（6）
N	4981	4981	4981
r2	0.223	0.217	0.226
r2_a	0.219	0.212	0.221
F	39.148***	37.825***	37.046***

表6-8是模型（6-5）回归检验结果，从方程（2）来看，用0和1虚拟变量作为高管薪酬个差距（pergap）代理变量，依然反映了高管薪酬个人差距与公司绩效存在负相关性，与本章假设6-2相符，即降低高管薪酬个人差距，有助于提高公司绩效。从方程（3）中可以看出，变量exgap×pergapdummy的系数在1%的显著性水平上显著为负，说明当考虑高管薪酬外在差距对公司绩效产生正向作用时，提高高管薪酬个人差距对这一正向作用存在显著抑制作用。因此，高管薪酬个人差距对高管薪酬外在差距与公司绩效的正向影响机制有显著效应。

因此，综合表6-7和表6-8的分析结论，发现这一结论与综合表6-5和表6-6的分析结论相类似，高管薪酬外在差距与个人差距对公司绩效都产生影响，但是在这两种影响机制中，高管薪酬个人差距的影响机制占主导作用，而高管薪酬外在差距的影响机制只是起着从属或次要作用。

为进一步研究高管薪酬内在差距与高管薪酬外在差距对公司绩效影响机制的相互作用，本书按照管薪酬内在差距大小与高管薪酬外在差距大小，根据高管薪酬内在差距与外在差距相互关系，将上市公司高管薪酬差距状态分成四种类型，具体划分如表6-9所示。

第六章 高管薪酬差距对公司绩效的影响分析

表6-9 高管薪酬差距状态分类

高管薪酬差距		外在差距	
		大	小
内在差距	大	A（1094）	D（1396）
	小	B（773）	C（1718）

注：括号内数字为高管薪酬差距状态下的公司数。

表6-10是不同高管薪酬差距状态对公司绩效影响的描述性统计结果，从表6-10中可以看出，在高管薪酬差距 A 状态（即外在差距大，内在差距大）下，公司绩效最好，其次是高管薪酬差距 B 状态（即外在差距大，内在差距小）下，再次是在高管薪酬差距 C 状态（即外在差距小，内在差距小）下，公司绩效最差的是高管薪酬差距 D 状态（即外在差距大，内在差距小）下。并且，经过 Kruskal – Wallis 检验，χ^2 值在 1% 的显著性水平上显著，说明在这四种高管薪酬差距状态下，总体上存在显著性差异。

表6-10 不同高管薪酬公平性状态对公司绩效影响的描述性统计

公平性状态	公司数	均值	标准差	最小值	中位数	最大值	K – W 检验 χ^2 值
A	1094	0.0551	0.0616	-0.2243	0.0430	0.4660	
B	773	0.0545	0.0519	-0.2233	0.0470	0.3308	278.959***
C	1718	0.0274	0.0632	-0.6205	0.0253	0.4770	
D	1396	0.0269	0.0684	-0.9986	0.0269	0.2658	

从表6-11的均值检验中可以看出，薪酬差距状态 A 的公司绩效大于薪酬差距状态 B 的公司绩效，但是统计上不显著，虽然薪酬差距状态 C 的公司绩效大于薪酬差距状态 D 的公司绩效，但在统计上这种差距并不

显著，说明在高管薪酬外在差距一定的情况下，通过提高高管薪酬内在差距来强化高管薪酬外在差距对公司绩效的正向效果是无显著作用的。而薪酬差距状态 A 的公司绩效在 1% 的显著性水平上显著高于薪酬差距状态 D 的公司绩效，并且，薪酬差距状态 B 的公司绩效在 1% 的显著性水平上显著高于薪酬差距状态 C 的公司绩效，一方面进一步验证支持了本章假设 6-1，另一方面说明在高管薪酬内在差距一定的情况下，通过提高高管薪酬外在差距来强化高管薪酬内在差距对公司绩效的正向效果有显著作用。

表 6-11 不同高管薪酬差距状态对公司绩效影响的均值检验

公平性状态	A	B	C
B	-0.0005843		
	(-0.2151)		
C	-0.0276324***	-0.0270481***	
	(-11.4159)	(-10.4238)	
D	-0.028166***	-0.0275816***	-0.0005335
	(-10.6462)	(-9.7591)	(-0.2258)

因此，综合表 6-9、表 6-10 和表 6-11 的分析结论，本章认为，高管薪酬外在差距与内在差距对公司绩效都产生影响，但是在这两种影响机制中，高管薪酬外在差距的影响机制占主导作用，而高管薪酬内在差距的影响机制只是起着从属或次要作用。

综合上述高管薪酬外在差距、内在差距和个人差距的分析结论，本章首先认为高管薪酬外在差距、内在差距和个人差距对公司绩效都产生影响，但是在这些影响机制中，高管薪酬个人差距的影响机制占主导作用，其次是高管薪酬外在差距的影响机制,最后是高管薪酬内在差距的影响机制。

(三)稳健性检验分析

为了使得本文结果更加稳健,本书采用托宾Q值(Tobin'Q_{t+1})、股票收益率(Ret_{t+1})、净资产收益率(ROE_{t+1})、每股收益(EPS_{t+1})和销售收入的自然对数($lnsale_{t+1}$)作为公司绩效的代理变量进行稳健性检验。托宾Q值(Tobin'Q_{t+1})、净资产收益率(ROE_{t+1})、每股收益(EPS_{t+1})和销售收入的自然对数($lnsale_{t+1}$)的计算见表4-1,股票收益率(Ret_{t+1})采用考虑现金红利再投资的年个股回报率,其计算公式如式(6-1)所示。

$$Ret_{t+1} = \frac{P_{t+1}}{P_t} - 1 \qquad 式(6-1)$$

式中,P_{t+1}、P_t分别为股票i在t+1年和t年最后一个交易日的考虑现金红利再投资的日收盘价的可比价格。

从表6-12、表6-13和表6-14的结果来看,用会计业绩指标净资产收益率(ROE_{t+1})、每股收益(EPS_{t+1})和销售收入的自然对数($lnsale_{t+1}$)作为公司绩效代替总资产收益率(ROA_{t+1}),所得到的结果与表6-4的结果基本一致。但是,如用市场业绩托宾Q值(Tobin'Q_{t+1})和股票收益率(Ret_{t+1})指标进行稳健性检验,结果发现高管薪酬差距对公司绩效存在一定的差异,用托宾Q值(Tobin'Q_{t+1})来分析企业绩效,其结果与表6-4基本一致,只是在显著性水平上有所差异。用纯粹的市场收益指标股票收益率(Ret_{t+1}),高管薪酬差距对绩效无显著差异,这个结果与权小锋、吴世农和文芳(2010)的结果一致,同时说明会计业绩指标与市场业绩指标存在着本质区别。

表6-12 高管薪酬外在差距对公司绩效影响的稳健性检验

变量	被解释变量				
	Tobin'Q$_{t+1}$	Ret$_{t+1}$	ROE$_{t+1}$	EPS$_{t+1}$	lnsale$_{t+1}$
exgap	0.160***	0.009	0.025***	0.095***	0.012*
	(5.035)	(0.393)	(5.594)	(6.305)	(1.879)
lnt3pay	-0.050	0.009	0.019***	0.045***	0.169***
	(-1.607)	(0.393)	(4.035)	(3.388)	(6.328)
rightcontr	-0.002*	0.001	0.001***	0.002***	0.005***
	(-1.882)	(0.757)	(5.714)	(6.619)	(7.673)
negshrcr5	0.009***	-0.001	0.000	0.002***	0.003***
	(9.433)	(-1.157)	(3.009)	(4.996)	(4.407)
lev	-0.953***	0.196***	-0.055***	-0.249***	0.552***
	(-12.405)	(3.570)	(-3.801)	(-7.825)	(8.363)
lnasset	-0.342***	-0.054***	0.008***	0.071***	0.950***
	(-20.848)	(-4.542)	(3.272)	(10.436)	(72.741)
_cons	10.153***	0.677**	-0.420***	-2.005***	-2.775***
	(19.728)	(2.011)	(-5.169)	(-9.470)	(-7.014)
indd	yes	yes	yes	yes	yes
yd	yes	yes	yes	yes	yes
N	4981	4976	4980	4981	4981
r2	0.435	0.678	0.144	0.257	0.751
r2_a	0.431	0.676	0.139	0.252	0.750
F	89.777***	473.082***	27.650***	40.486***	506.199***

表6-13 高管薪酬内在差距对公司绩效影响的稳健性检验

变量	被解释变量				
	Tobin'Q$_{t+1}$	Ret$_{t+1}$	ROE$_{t+1}$	EPS$_{t+1}$	lnsale$_{t+1}$
ingap	0.008	-0.003	0.004***	0.011***	0.012**
	(1.299)	(-0.668)	(4.242)	(4.004)	(2.301)
lnt3pay	0.085***	0.015	0.041***	0.127***	0.182***
	(4.801)	(1.068)	(14.953)	(16.536)	(11.501)

第六章 高管薪酬差距对公司绩效的影响分析

续表

变量	被解释变量				
	Tobin'Q_{t+1}	Ret_{t+1}	ROE_{t+1}	EPS_{t+1}	$lnsale_{t+1}$
rightcontr	-0.001*	0.001	0.001***	0.003***	0.005***
	(-1.738)	(0.755)	(5.904)	(6.845)	(7.731)
negshrcr5	0.009***	-0.001	0.000	0.002***	0.003***
	(9.577)	(-1.171)	(3.305)	(5.276)	(4.496)
lev	-0.973***	0.194***	-0.057***	-0.260***	0.553***
	(-12.610)	(3.540)	(-3.979)	(-8.086)	(8.413)
lnasset	-0.342***	-0.054***	0.008***	0.071***	0.950***
	(-20.752)	(-4.554)	(3.381)	(10.456)	(73.036)
_cons	8.240***	0.608**	-0.750***	-3.203***	-3.035***
	(22.094)	(2.401)	(-13.231)	(-19.990)	(-11.089)
indd	yes	yes	yes	yes	yes
yd	yes	yes	yes	yes	yes
N	4981	4976	4980	4981	4981
r2	0.431	0.678	0.142	0.251	0.751
r2_a	0.428	0.676	0.137	0.246	0.750
F	89.267***	473.446***	26.215***	40.090	508.517***

表6-14 高管薪酬个人差距对公司绩效影响的稳健性检验

变量	被解释变量				
	Tobin'Q_{t+1}	Ret_{t+1}	ROE_{t+1}	EPS_{t+1}	$lnsale_{t+1}$
pergap	-0.156*	-0.061	-0.053***	-0.130***	-3.538***
	(-1.684)	(-0.779)	(-3.294)	(-3.145)	(-50.714)
lnt3pay	0.052**	0.028	0.051***	0.150***	0.887***
	(2.025)	(1.378)	(12.046)	(13.156)	(47.076)
rightcontr	-0.001*	0.001	0.001***	0.002***	0.004***
	(-1.699)	(0.737)	(5.680)	(6.658)	(8.034)
negshrcr5	0.009***	-0.001	0.000***	0.002***	0.001***
	(9.604)	(-1.199)	(2.927)	(4.981)	(2.589)

续表

变量	被解释变量				
	Tobin'Q_{t+1}	Ret_{t+1}	ROE_{t+1}	EPS_{t+1}	$lnsale_{t+1}$
lev	-0.958***	0.188***	-0.064***	-0.276***	0.186***
	(-12.320)	(3.377)	(-4.347)	(-8.510)	(3.754)
lnasset	-0.316***	-0.064***	-0.001	0.049***	0.364***
	(-14.609)	(-3.750)	(-0.187)	(5.009)	(23.530)
_cons	7.612***	0.848**	-0.467***	-2.508***	13.063***
	(14.274)	(2.008)	(-5.425)	(-10.177)	(35.083)
indd	yes	yes	yes	yes	yes
yd	yes	yes	yes	yes	yes
N	4981	4976	4980	4981	4981
r2	0.431	0.678	0.141	0.249	0.857
r2_a	0.428	0.676	0.135	0.245	0.857
F	89.475***	473.742***	25.536***	39.967***	907.602***

本章小结

本章主要讨论了高管薪酬差距对公司绩效的影响。本章首先基于委托代理理论、期望理论和行为理论的分析基础上，提出了本章的研究假设并且建立了检验模型。然后通过描述性统计、相关分析、均值检验和多元回归等方法进行相关检验。

通过实证检验发现，提高高管薪酬外在差距与高管薪酬内在差距，对提高公司绩效都有显著效应，而降低高管薪酬个人差距，对提高公司绩效有显著作用，高管薪酬差距的三种表现形式对公司绩效的影响机制存在一定的差异。并且,本章还检验了高管薪酬差距的三种具体表现形式之间的相互交叉对公司绩效的影响机制的重要程度。检验结果发现,尽管高管薪酬外在差距、内在差距和个人差距都对公司绩效产生影响,高管薪酬外在差距、内在差距和个人差距对公司绩效都产生影响,但在这些影响机制中,高管薪酬个人差距的影响机制占主导作用,其次是高管薪酬外在差距的影响机制,最后是高管薪酬内在差距的影响机制。

第七章 研究结论与局限性

第一节 研究结论

本书在相关薪酬理论、按劳分配理论、锦标赛理论、行为理论和社会比较理论等理论的基础上,通过构建相关指标来反映高管薪酬差距大小,并对高管薪酬差距的影响因素及高管薪酬差距的经济后果进行实证分析,得出以下几方面的结论。

第一,本书认为中国上市公司高管薪酬目前还是以货币薪酬为主要的激励模式,从2005年以来,高管薪酬持续增长,但各年的增长幅度波动较大,并且各行业的高管薪酬差异较大。

第二,本书认为高管薪酬差距有外在差距、内在差距和个人差距三种具体表现形式,并且设计了高管薪酬差距衡量指标。运用这些衡量指标,研究发现,中国上市公司高管薪酬外在差距各行业各年度的变化程度有较大差异;而高管薪酬内在差距呈现波澜状上升趋势,除了少数几个行业,

第七章 研究结论与局限性

各行业的高管薪酬外在差距的变化程度差异并不大；高管薪酬个人差距逐年呈现上升趋势，各行业之间存在较大差异，公司高管获得的薪酬中存在大量的非绩效性薪酬。

第三，本书认为公司内外因素会影响高管薪酬差距，研究发现，从公司内在因素看，实证分析结果发现，拥有管理权力的公司高管将会扩大高管薪酬差距；加强实际控制人或大股东对公司的监控，有利于降低高管薪酬差距；股东之间制衡降低将扩大高管薪酬外在差距和个人差距；实际控制人的国有性质降低了高管薪酬差距；受公司高管影响的董事会治理效率将导致高管高薪差距的扩大；监事会的治理效率的提升有助于降低高管薪酬差距；公司绩效为高管扩大薪酬差距提供了充分理由，而公司的成长性特征对高管薪酬差距没有显著作用；随着公司规模的增加将导致高管薪酬外在差距的扩大和薪酬内在差距与个人差距的降低。

从公司外在因素看，地区市场化程度的提高总体上扩大高管薪酬差距；行业竞争性在降低高管薪酬外在差距的同时，扩大高管薪酬内在差距和个人差距；债权人治理将抑制高管薪酬个人差距的扩大；会计准则变更能够显著降低高管薪酬外在差距和提高高管薪酬个人差距；而2009年出台的限薪令能够显著降低公司高管薪酬外在差距，但又显著扩大高管薪酬个人差距，使得公司高管获得更多的非绩效薪酬。

第四，本书认为，高管薪酬差距对公司代理成本都会产生影响，高管薪酬外在差距与高管薪酬内在差距对代理成本的影响是一致的，高管薪酬外在差距和内在差距都与代理成本负相关，而高管薪酬个人差距与代理成本正相关。并且，从高管薪酬差距来看，影响公司代理成本的主要且一致的因素是高管薪酬个人差距，缩小高管薪酬个人差距导致公司代理成本降低的影响机制是稳定的，而通过提高扩大高管薪酬外在差距和内在差距达到降低代理成本的影响机制具有权变性质。

第五，本书认为高管薪酬差距对公司绩效成本都会产生影响，提高高管薪酬外在差距与高管薪酬内在差距，对提高公司绩效都有显著效应，而降低高管薪酬个人差距，对提高关系绩效有显著作用。高管薪酬差距的三种表现形式对公司绩效的影响机制存在一定的差异，在这些影响机制中，高管薪酬个人差距的影响机制占主导作用，其次是高管薪酬外在差距的影响机制，最后是高管薪酬内在差距的影响机制。

第二节　研究局限性和展望

尽管本书得出了一些结论，但是考虑到数据取得和范围，也存在一些研究不足，本书的研究局限性主要在于：

第一，由于中国上市公司高管薪酬激励主要是以货币薪酬激励为主、股权激励为辅的格局，本书在进行高管薪酬分析时，只关注了高管获得的货币薪酬，对高管获得的股票激励所形成的价值未列入本书的薪酬范围。

第二，高管构建自身期望薪酬水平受很多因素的影响，但是本书在衡量高管薪酬个人差距时，主要考虑公司高管对公司绩效的贡献这一因素来构建高管期望薪酬水平，方法和视角比较单一，其他因素对高管构建其期望薪酬水平的影响在本书中并未涉及，这可能是今后的一个研究方向。

第三，本书实证分析了高管薪酬差距对代理成本和公司绩效的影响，但本书并未对高管薪酬差距对代理成本和公司绩效的影响机制背后的原因进行详细分析，也未对各种高管薪酬差距形式处于何种状态为最优状态进行探讨,这可能是今后的一个研究方向。

第四,本书分析高管薪酬差距的决定因素分析中,主要基于公司内外环境和机制进行分析,并未把公司高管的心理机制因素对高管薪酬差距的影响列入分析框架中,可能会导致分析结果存在偏差,因此如何从高管心理机制角度来研究高管薪酬和薪酬差距,可能是今后的一个研究方向。

参考文献

［1］步丹璐，蔡春，叶建明．高管薪酬公平性问题研究——基于综合理论分析的量化方法思考［J］．会计研究，2010（5）．

［2］陈丁，张顺．薪酬差距与企业绩效的倒U型关系研究——理论模型与实证探索［J］．南开经济研究，2010（5）．

［3］陈冬华，陈信元，万华林．国有企业中的薪酬管制与在职消费［J］．经济研究，2005（5）．

［4］陈冬华，范从来，沈永建，周亚虹．职工激励、工资刚性与企业绩效——基于国有非上市公司的经验证据［J］．经济研究，2010（7）．

［5］陈冬华，梁上坤，蒋德权．不同市场化进程下高管激励契约的成本与选择：货币薪酬与在职消费［J］．会计研究，2010（11）．

［6］陈仕华，郑文全．公司治理理论的最新进展：一个新的分析框架［J］．管理世界，2010（2）．

［7］陈书怡．公司高管内部薪酬差距与组织绩效的关系研究述评——基于锦标赛理论和行为理论的争论［J］．管理观察，2010（3）．

［8］陈文婷，李新春．上市家族企业股权集中度与风险倾向、市场

价值研究——基于市场化程度分组的实证［J］.中国工业经济,2008(10).

［9］陈信元,陈冬华,万华林,梁上坤.地区差异、薪酬管制与高管腐败［J］.管理世界,2009(11).

［10］陈叶峰,周业安,宋紫峰.人们关注的是分配动机还是分配结果？——最后通牒实验视角下两种公平观的考察［J］.经济研究,2011(6).

［11］陈瑜.高管团队内部薪酬差距与公司业绩研究综述［J］.统计与咨询,2010(6).

［12］陈震,丁忠明.基于管理层权力理论的垄断企业高管薪酬研究［J］.中国工业经济,2011(9).

［13］陈震,张鸣.高管层内部的级差报酬研究［J］.中国会计评论,2006(6).

［14］陈震,张鸣.业绩指标、业绩风险与高管人员报酬的敏感性［J］.会计研究,2008(3).

［15］陈志广.高级管理人员报酬的实证研究［J］.当代经济科学,2002(9).

［16］谌新民,刘善敏.上市公司经营者报酬结构性差异的实证研究［J］.经济研究,2003(8).

［17］程书强.管理层薪酬差距与公司治理结构关系分析［J］.统计与信息论坛,2010(7).

［18］程新生,宋文洋,程菲.高管员工薪酬差距、董事长成熟度与创造性产出研究.［J］.南京大学学报（社会哲学版）,2012(4).

［19］陈郁.所有权、控制权与激励——代理经济学文选［M］.上

海：上海人民出版社，2006.

［20］杜胜利，翟艳玲．总经理年度报酬决定因素的实证研究——以我国上市公司为例［J］．管理世界，2005（8）．

［21］杜兴强，王丽华．高层管理当局薪酬与上市公司业绩的相关性实证研究［J］．会计研究，2007（1）．

［22］道格拉斯·C．诺思．制度、制度变迁与经济绩效［M］．上海：上海人民出版社，2009.

［23］方军雄．高管权力与企业薪酬变动的非对称性［J］．经济研究，2011（4）．

［24］方军雄．我国上市公司高管的薪酬存在黏性吗［J］．经济研究，2009（3）．

［25］高雷，宋顺林．高管人员持股与企业绩效——基于上市公司2000～2004年面板数据的经验证据［J］．财经研究，2007（3）．

［26］高明华．中国上市公司高管薪酬指数报告［M］．北京：经济科学出版社，2010.

［27］赫茨伯格．赫茨伯格的双因素理论［M］．北京：中国人民大学出版社，2009.

［28］韩亮亮，李凯，宋力．高管持股与企业价值——基于利益趋同效应与壕沟防守效应的经验研究［J］．南开管理评论，2006（4）．

［29］贺伟，龙立荣．实际收入水平、收入内部比较与员工薪酬满意度的关系［J］．管理世界，2011（4）．

［30］胡婉丽，汤书昆，肖向兵．上市公司高管薪酬和企业业绩关系研究［J］．运筹与管理，2004（12）．

［31］胡一帆，宋敏，张俊喜．中国国有企业民营化绩效研究［J］．

经济研究，2006（7）.

[32] 黄群慧．控制权作为企业家的激励约束因素：理论分析及现实解释意义［J］．经济研究，2001（1）.

[33] 黄志忠．基于资源配置的公司治理策略分析——以2006~2010年上市的公司为例［J］．会计研究，2012（1）.

[34] 冀县卿．我国上市公司经理层激励缺失及其矫正［J］．管理世界，2007（4）.

[35] 江伟．行业薪酬基准与管理者薪酬增长——基于中国上市公司的实证分析［J］．金融研究，2010（4）.

[36] 江伟．市场化程度、行业竞争与管理者薪酬增长［J］．经济管理，2011（5）.

[37] 江伟．负债的代理成本与管理层薪酬——基于中国上市公司的实证分析［J］．经济管理，2008（8）.

[38] 姜付秀，黄继承．经理激励、负债与企业价值［J］．经济研究，2011（5）.

[39] 雷光勇，李帆，金鑫．股权分置改革、经理薪酬与会计业绩敏感度［J］．中国会计评论，2010（3）.

[40] 雷光勇．经理报酬契约设计与经理市场运行［J］．管理世界，2003（4）.

[41] 赖普清．公司业绩、治理结构与高管薪酬——基于中国上市公司的实证研究［J］．重庆大学学报，2007（5）.

[42] 李琦．上市公司高级经理人薪酬影响因素分析［J］．经济科学，2003（6）.

[43] 李维安，李汉军．股权结构、高管持股与公司绩效——来自民

营上市公司的证据[J].南开管理评论,2006(5).

[44] 李维安,邱艾超,古志辉.双重公司治理环境、政治联系偏好与公司绩效——基于中国民营上市公司治理转型的研究[J].中国工业经济,2010(6).

[45] 李维安.公司治理学[M].北京:高等教育出版社,2007.

[46] 李新建,孟繁强,张立富.企业薪酬管理概论[M].北京:中国人民大学出版社,2007.

[47] 李延喜,包世泽,高锐,孔宪京.薪酬激励、董事会监管与上市公司盈余管理[J].南开管理评论,2007(6).

[48] 李增泉.激励机制与企业绩效:一项基于上市公司的实证研究[J].会计研究,2000(1).

[49] 梁莱歆,冯延超.民营企业政治关联、雇员规模与薪酬成本[J].中国工业经济,2010(10).

[50] 廖建桥,张凌,刘智强.基尼系数与企业内部薪酬分配合理性研究[J].中国工业经济,2006(2).

[51] 廖理,廖冠民,沈红波.经营风险、晋升激励与公司绩效[J].中国工业经济,2009(8).

[52] 林浚清,黄祖辉,孙永祥.高管团队内薪酬差距、公司绩效和治理结构[J].经济研究,2003(4).

[53] 刘斌,刘星,李世新,何顺文.CEO薪酬与企业业绩互动效应的实证检验[J].会计研究,2003(3).

[54] 刘春,倪来华.我国金融上市公司高管薪酬差距与企业绩效关系分析[J].企业经济,2010(12).

[55] 刘春,孙亮.薪酬差距与企业绩效:来自国企业市公司的经验

证据 [J]. 南开管理评论, 2010 (2).

[56] 刘凤委, 孙铮, 李增泉. 政府干预、行业竞争与薪酬契约——来自国有上市公司的经验证据 [J]. 管理世界, 2007 (9).

[57] 刘慧龙, 张敏, 王亚平, 吴联生. 政治关联、薪酬激励与员工配置效率 [J]. 经济研究, 2010 (9).

[58] 刘宁, 张正堂. 企业内部薪酬差距的效应: 研究述评 [J]. 管理学报, 2007 (11).

[59] 刘小波. 高管团队内薪酬差距对企业绩效影响的分析模式 [J]. 北方工业大学学报, 2008 (6).

[60] 刘星, 谢斯静. 股权集中、行业竞争与薪酬业绩牵扯——基于我国上市公司的经验证据 [J]. 改革, 2011 (4).

[61] 刘子君, 刘智强, 廖建桥. 上市公司高管团队薪酬差距影响因素与影响效应: 基于本土特色的实证研究 [J]. 管理评论, 2011 (9).

[62] 卢静, 胡运权. 会计信息与管理者报酬激励契约研究综述 [J]. 会计研究, 2007 (1).

[63] 卢锐. 管理层权力、薪酬差距与绩效 [J]. 南方经济, 2007 (7).

[64] 卢锐. 管理层权力、薪酬与业绩敏感性分析——来自中国上市公司的经验证据 [J]. 当代财经, 2008 (7).

[65] 卢锐. 管理层权力、薪酬激励与绩效——基于中国证券市场的理论与实证研究 [M]. 北京: 经济科学出版社, 2008.

[66] 鲁海帆. 高管层内薪酬差距、CEO内部继任机会与公司业绩研究——基于锦标赛理论的实证分析 [J]. 南方经济, 2010 (5).

[67] 鲁海帆. 高管团队内部货币薪酬差距与公司业绩关系研究——

来自中国A股市场的经验证据[J]. 南方经济, 2007 (4).

[68] 鲁海帆. 高管团队内薪酬差距、合作需求与多元化战略[J]. 管理科学, 2007 (8).

[69] 鲁海帆. 锦标赛式薪酬中作弊行为的博弈分析[J]. 软科学, 2010 (7).

[70] 吕长江, 赵宇恒. 国有企业管理者激励效应研究——基于管理者权力的解释[J]. 管理世界, 2008 (11).

[71] 罗党论, 唐清泉. 中国民营上市公司制度环境与绩效问题研究[J]. 经济研究, 2009 (2).

[72] 罗玫, 陈运森. 建立薪酬激励机制会导致高管操纵利润吗?[J]. 中国会计评论, 2010 (3).

[73] 马磊, 徐向艺. 两权分离度与公司治理绩效实证研究[J]. 中国工业经济, 2010 (12).

[74] 南开大学公司治理评价课题组. 中国上市公司治理状况评价研究——来自2008年1127家上市公司的数据[J]. 管理世界, 2010 (1).

[75] 南开大学公司治理研究中心公司治理评价课题组. 中国公司治理指数与治理绩效的实证研究[J]. 管理世界, 2004 (2).

[76] 毛洪涛, 沈鹏. 我国上市公司CFO薪酬与盈余质量的相关性研究[J]. 南开管理评论, 2009 (5).

[77] 潘飞, 石美娟, 童卫华. 高级管理人员激励契约研究[J]. 中国工业经济, 2006 (3).

[78] 彭剑锋, 崔海鹏. 高管薪酬最佳实践标杆[M]. 北京: 机械工业出版社, 2009.

［79］权小锋，吴世农，文芳. 管理层权力、私有收益与薪酬操纵［J］. 经济研究，2010（11）.

［80］乔治·T. 米尔科维奇，杰里·M. 纽曼（美）. 薪酬管理（第9版）［M］. 北京：中国人民大学出版社，2008.

［81］沈旭民. 浙江民营上市公司高管薪酬差距与企业绩效关系研究［J］. 中国外资，2011（5）.

［82］宋增基，张宗益. 上市公司经营者报酬与公司绩效实证研究［J］. 重庆大学学报，2002（11）.

［83］苏启林. 代理问题、公司治理与企业价值——以民营上市公司为例［J］. 中国工业经济，2004（4）.

［84］孙铮，刘凤委，李增泉. 市场化程度、政府干预与企业债务期限结构［J］. 经济研究，2005（5）.

［85］斯蒂芬·P. 罗宾斯. 管理学（第7版）［M］. 北京：中国人民大学出版社，2004.

［86］唐矿，石巧蓉. 粤、辽两地上市公司高管薪酬差距［J］. 经济管理，2006（1）.

［87］唐清泉，朱瑞华，甄丽明. 我国高管人员报酬激励制度的有效性研究——基于沪深上市公司的实证研究［J］. 当代经济管理，2008（2）.

［88］肖作平、陈德胜. 公司治理结构对代理成本的影响——来自中国上市公司的经验证据［J］. 财贸经济，2006（12）.

［89］万媛媛，井润田，刘玉焕. 中美两国上市公司高管薪酬决定因素比较研究［J］. 管理科学学报，2006（2）.

［90］王化成，刘俊勇. 企业业绩评价模式研究——兼论中国企业业

绩评价模式选择［J］．管理世界，2004（4）：9．

［91］王怀明，史晓明．高管——员工薪酬差距对企业绩效影响的实证分析［J］．经济与管理研究，2009（8）．

［92］王克敏，王志超．高管控制权、报酬与盈余管理——基于中国上市公司的实证研究［J］．管理世界，2007（7）．

［93］王小鲁，樊纲，马光荣．中国市场化进程对经济增长的贡献［J］．经济研究，2011（9）．

［94］王志强，张玮婷，顾劲尔．资本结构、管理层防御与上市公司高管薪酬水平［J］．会计研究，2011（2）．

［95］吴联生，林景艺，王亚平．薪酬外部公平性、股权性质与公司业绩［J］．管理世界，2010（3）．

［96］吴文锋，吴冲锋，刘晓薇．中国民营上市公司高管的政府背景与公司价值［J］．经济研究，2008（7）．

［97］吴育辉，吴世农．高管薪酬：激励还是自利？——来自中国上市公司的证据［J］．会计研究，2010（11）．

［98］吴育辉，吴世农．企业高管自利行为及其影响因素研究［J］．管理世界，2010（5）．

［99］魏纲．高级管理层激励与上市公司经营绩效［J］．经济研究，2000（3）．

［100］夏立军，陈信元．市场化进程、国企改革策略与公司治理结构的内生决定［J］．经济研究，2007（7）：9．

［101］肖继辉，彭文平．高管人员报酬与业绩的敏感性——来自中国上市公司的证据［J］．经济管理，2002（6）．

［102］肖继辉．基于不同股权特征的上市公司经理报酬业绩敏感性

[J]．南开管理评论，2005（3）．

［103］肖作平，陈德胜．公司治理结构对代理成本的影响——来自中国上市公司的经验证据［J］．财贸经济，2006（12）．

［104］辛清泉，林斌，王彦超．政府控制、经理薪酬与资本投资［J］．经济研究，2007（8）．

［105］辛清泉，谭伟强．市场化改革、企业业绩与国有企业经理薪酬［J］．经济研究，2009（11）．

［106］胥佚萱．企业内部薪酬差距、经营业绩与公司治理［J］．山西财经大学学报，2010（7）．

［107］徐向艺，王俊䪨，巩震．高管人员报酬激励与公司治理绩效研究——基于深、沪A股上市公司的实证分析［J］．中国工业经济，2007（2）．

［108］谢德仁．经理人激励与股票期权［M］．北京：中国人民大学出版社，2004．

［109］杨青，高铭，Besim Burcin Yurtoglu．董事薪酬CEO薪酬与公司业绩——合谋还是共同激励［J］．金融研究，2009（6）．

［110］杨青，黄彤，Steven Toms，Besim Burcin Yurtoglu．中国上市公司CEO薪酬存在激励后效吗？［J］．金融研究，2010（1）．

［111］叶建芳，陈潇．我国高管持股对企业价值的影响研究——科技行业上市公司的证据［J］．财经问题研究，2008（3）．

［112］叶林祥，李实，罗楚亮．行业垄断、所有制与企业工资收入差距［J］．管理世界，2011（4）．

［113］俞震，冯巧根．薪酬差距：对公司盈余管理与经营绩效的影响［J］．学海，2010（1）．

[114] 于东智、谷立日. 上市公司管理层持股的激励效用及影响因素 [J]. 经济理论与经济管理. 2001 (9).

[115] 亚当·斯密著. 国富论 [M]. 孙善春译. 北京：中国华侨出版社, 2010.

[116] 曾庆生, 陈信元. 何种内部治理机制影响公司权益代理成本——大股东与董事会治理效率之比较 [J]. 财经研究, 2006 (2).

[117] 张维迎. 企业的企业家——契约理论 [M]. 上海：上海人民出版社, 2004.

[118] 张必武, 石金涛. 董事会特征、高管薪酬与薪绩敏感性——中国上市公司的经验分析 [J]. 管理科学, 2005 (8).

[119] 张川, 潘飞, John Robinson. 非财务指标采用的业绩后果实证研究——代理理论 vs 权变理论 [J]. 会计研究, 2008 (3).

[120] 张俊瑞, 赵进文, 张建. 高级管理层激励与上市公司经营绩效相关性的实证分析 [J]. 会计研究, 2003 (9).

[121] 张正堂, 李欣. 高层管理团队核心成员薪酬差距与企业绩效的关系 [J]. 经济管理, 2007 (2).

[122] 张正堂. 高层管理团队协作需要、薪酬差距和企业绩效：竞赛理论的视角 [J]. 南开管理评论, 2007 (2).

[123] 张正堂. 企业内部薪酬差距对组织未来绩效影响的实证研究 [J]. 会计研究, 2008 (9).

[124] 张兆国, 宋丽梦, 张庆. 我国上市公司资本结构影响股权代理成本的实证分析 [J]. 会计研究, 2005 (8).

[125] 支晓强. 如何选择业绩评价标准——兼论业绩评价在激励机制中的作用 [J]. 会计研究, 2000 (11).

［126］周佰成，王北星. 中国上市公司治理、绩效与高管薪酬相关性研究［J］. 数理统计与管理，2007（7）.

［127］周宏，刘玉红，张巍. 激励强度、公司治理与经营绩效——基于中国上市公司的检验［J］. 管理世界，2010（4）.

［128］周宏，张巍. 中国上市公司经理人薪酬的比较效应——基于相对业绩评价的实证研究［J］. 会计研究，2010（7）.

［129］周嘉南，黄登仕. 上市公司高级管理层报酬业绩敏感度与风险之间关系的实证检验［J］. 会计研究，2006（4）.

［130］周仁俊，杨战兵，李礼. 管理层激励与企业经营业绩的相关性——国有与非国有控股上市公司的比较［J］. 会计研究，2010（12）.

［131］周业安. 经理报酬与企业绩效关系的经济学分析［J］. 中国工业经济，2000（5）.

［132］Aggarwal R., Samwick A. The Other Side of the Trade – Off: The Impact of Risk on Executive Compensation［J］. Journal of Political Economy, 1999（107）: 65 – 105.

［133］Baker, G. P., Jensen, M. C., and Murphy, K. J. Compensation and Incentives: Practice vs. Theory［J］. Journal of Finance, 1988（43）: 593 – 616.

［134］Banker, R. D., and Datar, S. M. Sensitivity, Precision and Linear Aggregation of Signals for Performance Evaluation［J］. Journal of Accounting Research, 1989（27）: 21 – 39.

［135］Bebchuk, L., Fried J. M., and Walker, D. I. Managerial Power and Rent Extraction in the Design of Executive Compensation［J］. University of Chicago Law Review, 2002（69）: 751 – 846.

[136] Bergstresser D., Philippon T. CEO incentives and earnings management [J]. Journal of Financial Economies, 2006 (80): 511 - 529.

[137] Brew, F. P., and Cairns, D. R. Styles of Managing Interpersonal Workplace Conflict in Relation to Status and Face Concern: A study with Anglos and Chinese [J]. The International Journal of Conflict Management, 2004 (15): 27 - 56.

[138] Brian G. M. Main, Charles A. O'Reilly Ⅲ, James Wade. Top Executive Pay: Tournament or Teamwork [J]. Journal of Labor Economics, 1993 (11): 606 - 628.

[139] Chen Lin, Wei Shen, Dongwei Su. Corporate Tournament and Executive Compensation in a Transition Economy: Evidence from Publicly Listed Firms in China [D]. Working Paper, 2005.

[140] Core, J. E., and Guay, W. The Use of Equity Grants to Manage Optimal Equity Incentive Levels [J]. Journal of Accounting and Economics, 1999 (28): 151 - 184.

[141] Core J. E., Holthausen, R. W., and Larcker, D. F. Corporate Governance, Chief Executive Officer Compensation, and Firm Performance [J]. Journal of Financial Economics, 1999, 51 (3): 371 - 406.

[142] Cowherd, D. M., and Levine, D. I. Product Quality and Pay Equity Between Lower Level Employees and Top Management: An Investigation of Distributive Justice Theory [J]. Administrative Science Quarterly, 1992 (37), 305 - 360.

[143] DeConinck, J. B., and Stilwell, C. D. Incorporating Organizational Justice, Role States, Pay Satisfaction and Supervisor Satisfaction in A

Model of Turnover Intentions [J]. Journal of Business Research, 2004, 57 (3): 225 –231.

[144] Dittmann, I., and Maug, E. Lower Salaries and no Options: the Optimal Structure of Executive Pay [J]. Journal of Finance, 2007 (62): 303 –343.

[145] Edward P. Lazear, Sherwin Rosen. Rank – Order Tournaments as Optimum Labor Contracts [J]. Journal of Political Economy, 1981 (89): 841 –864.

[146] Edward P. Lazear. Pay Equality and Industrial Politics [J]. Journal of Political Economy, 1989 (97): 561 –580.

[147] Edward P. Lazear. Sherwin Rosen. Male – Female Wage Differentials in Job Ladders [J]. Journal of Labor Economics, 1990 (8): 106 –123.

[148] Edward P. Lazear, Robert L. Moore. Incentives, Productivity, and Labor Contracts [J]. The Quarterly Journal of Economics, 1984 (99): 275 –296.

[149] Edward P. Lazear. Retail Pricing and Clearance Sales [J]. The American Economic Review, 1986 (76): 14 –32.

[150] Elloumi, F., and Gueyie, J. P. CEO Compensation, IOS and the Role of Corporate Governance [J]. Corporate Governance, 2001, 1 (2), 23 –33.

[151] Fan J. P. H., Wong, T. J. and Zhang T. Y. Politically Connected CEOs, Corporate Governance, and Post – IPO Performance of China's Newly Partially Privatized Firms [J]. Journal of Financial Economics, 2007, 84 (2): 330 –357.

[152] Festinger, L. A theory of Social Comparison Processes [J]. Human Relations, 1954 (7): 117-140.

[153] Hall, B. J., and Knox, T. A. Underwater Options and the Dynamics of Executive Pay – to – Performance Sensitivities [J]. Journal of Accounting Research, 2004, 42 (2): 365-412.

[154] Harvey, K. D., and Shrieves, R. E. Executive Compensation Structure and Corporate Governance Choices [J]. Journal of Financial Research, 2001 (24): 495-512.

[155] Henderson, A. D., and Fredrickson, J. W. Top Management Team Coordination Needs and the CEO Pay Gap: A Competitive Test of Economic and Behavioral Views [J]. Academy of Management Journal, 2001, 44 (1): 96-117.

[156] James S. Ang, Rebel A. Cole, James Wuh Lin. Agency Costs and Ownership Structure [J]. The Journal of Finance, 2000 (1): 81-106.

[157] Jensen, M. C., and Meckling, W. H. Theory of the Firm: Managerial Behavior, Agency Costs and Ownership Structure [J]. Journal of Financial Economics, 1976, 3 (4): 305-360.

[158] Jensen, M. C., and Murphy, K. J. Performance Pay and Top – Management Incentives [J]. Journal of Political Economy, 1990, 98 (2): 225-264.

[159] John, T. A., and John, K. Top Management Compensation and Capital Structure [J]. Journal of Finance, 1993, 48 (3): 949-974.

[160] Jonathan S. Leonard. Executive Pay and Firm Performance [J]. Industrial and Labor Relations Review, 1990 (43): 13S-29S.

[161] Main M. Top Executive Pay and Performance [J]. Managerial & Decision Economics, 1991 (12): 219 – 229.

[162] Manohar Singh, Wallace N., Davidson Ⅲ. Agency costs, Ownership Structure and Corporate Governance Mechanisms [J]. Journal of Banking & Finance. 2003 (27): 793 – 816.

[163] McConnell, J. J, and Servaes, H. Additional Evidence on Equity ownership and Corporate Value [J]. Journal of Financial Economics, 1990, 27 (2): 595 – 612.

[164] Medoff, J. L. and Abraham, K. G. Experience, Performance and Earnings [J]. Quarterly Journal of Economics, 1980, 95 (4): 703 – 736.

[165] Murphy, K. J. Corporate Performance and Managerial Remuneration: An Empirical Examination [J]. Journal of Accounting and Economics, 1985 (7): 11 – 42.

[166] Murphy, K. J., and Zimmerman, J. L. Financial Performance Surrounding CEO Turnover [J]. Journal of Accounting and Economics, 1983, 16 (1 – 3): 273 – 315.

[167] Oyer, P., and Schaefer, S. Why do Some Firms Give Stock Options to All Employees? An Empirical Examination of Alternative Theories [J]. Journal of Financial Economics, 2005, 76 (1): 99 – 133.

[168] Paul Collier, Alan Gregory. Audit committee activity and agency costs [J]. Journal of Accounting and Public Policy, 1999 (18): 311 – 332.

[169] Pedro S. Martins. Dispersion in Wage Premiums and Firm Performance [J]. Economics Letters, 2008 (101): 63 – 65.

[170] Penman, S. H., and Zhang, X. J. Accounting Conservatism, the

Quality of Earnings, and Stock Returns [J]. The Accounting Review, 2002, 77 (2): 237-264.

[171] Perry, T., and Zenner, M. Pay for performance? Government Regulation and the Structure of Compensation Contracts [J]. Journal of Financial Economics, 2001, 62 (3): 453-488.

[172] Rechner, P. L., and Falton, D. R. CEO Duality and Organizational Performance: A Longitudinal Analysis [J]. Strategic Management Journal, 1991, 12 (2): 155-160.

[173] Sherwin Rosen. Prizes and Incentives in Elimination Tournaments [J]. The American Economic Review, 1986 (76): 701-715.

[174] Smith, C. W., and Watts, R. L. The Investment Opportunity Set and Corporate Financing, Dividend and Financing Policies [J]. Journal of Financial Economics, 1992, 32 (3): 262-292.

[175] Susan Belden, Todd Fister, Bob Knapp. Dividends and Directors: Do Outsiders Reduce Agency Costs? [J]. Business and Society Review, 2005 (110): 171-180.

[176] Tor Eriksson. Executive Compensation and Tournament Theory: Empirical Tests on Danish Data [J]. Journal of Labor Economics, 1999 (17): 262-280.

后　记

光阴似箭,岁月如梭,不知不觉离开暨南大学已有6年,现在我的博士学位论文即将付梓,回望过去,心里几分忐忑,几分激动,但更多的是感激。

感激——具有深厚历史底蕴、良好学习和学术氛围、环境静雅的暨南大学,让我静心和净心地求学三年,聆听着大师名家的真知灼见,使自己视野更加开阔,研究方法更加规范,为我现在和今后的学术研究和教学工作奠定扎实的基础。

感激——我的指导老师熊剑教授,求学三年及毕业以来,熊老师的谆谆教诲与深切的关怀总是伴我一路前行,那睿智且幽默的言谈,且师亦友的举止,无论在学习上、工作中、科学研究中总给我以智慧、启迪和关怀。

感激——暨南大学各位名家大师,宋献中教授、胡玉明教授、谭跃教授、黄文锋教授、石本仁教授、王华教授、沈洪涛教授、丁友刚教授、江伟教授和黎文靖教授等各位老师,是你们的课堂启迪和对学术的独到见解,引领着我进入学术研究的大门。

感激——师兄弟姐妹们和同学们,梅雨、邓益坚、陈华妹、王金、管总平、钟子英和王晓妍等,在与你们一起学习、讨论和沟通的过程中,使我获益良多。

感激——我的家人,我的兄弟姐妹们,特别是爱人蔡志芸女士,无论学习和工作,给予我的物质和精神上的支持、理解和鼓励,你们的支持、理解和鼓励永远是我前进的动力!

路漫漫其修远兮,吾将上下而求索。带着这些忐忑、激动和感激,我将不忘初心、砥砺前行!

蒋大富

2019 年 3 月于广科大鹿鸣湖畔